W0315750

se remettre à l'Anglais en 10 mn par jour

SOMMAIRE

Mise en page : maogani
© Marabout (Hachette Livre) 2001
Tous droits de traduction et de reproduction sont réservés pour tous les pays et par quelque mode que ce soit.

Imprimé en France par Mame Imprimeurs à Tours
ISBN : 978-2-501-06601-3
Dépôt légal : août 2010
N° de codification : 4067740/édition 01

Remerciements : Nous tenons à adresser nos très sincères remerciements aux personnes suivantes : Suniti Mukerjee, Philippe Jaspard, Juan-Miguel et Amaury Perez, Grace et Elvis ; Geneviève Chapuis et Ludovic Slovenec (qui en plus de leur sympathie, ont fourni une aide *précieuse*) et enfin, pour leurs conseils en déco *and much appreciated bike-rides*... Pat et PJ... Thank you all! *Kiss kiss!*

INTRODUCTION

L'apprentissage d'une langue doit *impérativement* passer par la *vie*. Sans la *vie* d'une langue, sans ses parfums, ses sensualités, ses *mauvaises odeurs* même, bref, sans son *humanité*, une langue n'est rien. Elle est dure, rigide, mécanique, *inerte*.

Nous sommes bien placés pour le dire, ayant vécu sur trois continents différents, ayant appris des langues étrangères tout au long de notre vie et ayant été appelés à chaque fois à *recréer* notre paysage linguistique et culturel. Depuis l'enfance, nous avons appris différentes langues indiennes, le français, l'espagnol, le grec, le russe et l'allemand… De tout cela, il ne nous reste que ce qui *vit*. D'où l'approche pour laquelle nous avons opté dans le présent ouvrage.

Nous avons également enseigné l'anglais comme première langue ou langue étrangère dans différents instituts et à chaque fois nous observions le même phénomène : la nécessité de faire *vivre* la langue, de faire rire, de divertir, d'humaniser les mots, les sonorités, les structures. Pour que les étudiants puissent apprendre *de l'intérieur, presque sans qu'ils le sachent…*

Voilà pourquoi nous avons créé un récit et des personnages amusants, excentriques, des situations où se mêlent humour et ironie. Une histoire à suivre tous les jours à la manière d'un feuilleton, mais avec des notes linguistiques, grammaticales, culturelles, pour que vous puissiez apprendre de *l'intérieur*. Tout en gardant votre objectivité. *Bref*, en *vivant* la langue, en passant par la culture, l'interaction humaine, les sentiments et le *plaisir* et non par une sorte de nécessité brute, un cours figé, inhumain…

Nous avons suivi, somme toute, la règle d'or de tout acte de communication : se mettre à la place de celle ou de celui qui écoute, un choix qui a guidé notre démarche tout au long de la rédaction de cet ouvrage. Nous espérons que vous partagerez cet avis. Que vous prendrez du plaisir à parcourir ce livre et que vous apprendrez *tout en vous divertissant*, sans même vous en rendre compte. C'est là notre vœu le plus cher.

Amita et Gopal Mukerjee

RÉMY MEETS JADE AT A BUSINESS COCKTAIL. THEY **HIT IT OFF RIGHT AWAY**

Rémy de la Barbe: **Hello there**! We **haven't met**. **My name is** Rémy. **I'm** Senior Manager for **Southern Europe**.
Jade Katt: Hi! **I'm Jade**, Executive Vice President, Operations.
De la Barbe: **Pleased to meet** you.
Jade: **You too**!
Rémy: When **did** you **get to** Paris?
Jade: Oh, **just last night**.
Rémy: And **how long are you staying**?
Jade: Oh, **just a week**. **It's** a short **trip** this time.
Rémy: Too bad. Do you know Paris at all?
Jade: A little, **I've been** here **a couple of times**.
Rémy: And you **like** it?
Jade: Oh, I **love** it. Paris is **such a** beautiful city. You **live** here, **right**?
Rémy: No, I live **near** Paris, in the **suburbs**. But I'm *from* Paris. I **was born** here.
Jade: Oh, so you **must know** it well…
Rémy: **I do**. I **could show** you around if you like. I'm **a pretty good** tourist guide.
Jade: (***giggles***) Oh **I'd like** that.
Rémy: And where are *you* from?
Jade: Oh, I **live** in San Francisco but I'm *from* Chicago.
Rémy: Ah, **the windy city**!
Jade: **That's right**! Have you lived in the States?
Rémy: Yes, I **did** when I was **a** student! I **spent** eight years there. **I loved** my time there: **I find** American women very **attractive**.
Jade: (***laughs***) Well, **thanks**! **I *think***… **I mean**, you **don't waste much time** do you! Ha ha!
Rémy: I **try not to**. **Wasting time is** so **un**-American, don't you think?
Jade: Indeed! Well, **I wish I could** spend more time in Paris. **There's** so much **to see** and **learn** here, so much culture.
Rémy: Well, we **could start by visiting** the city this weekend.
Jade: Oh that would be wonderful.
Rémy: All right then!

VERBS

- **I'm**: je suis (*I am* = I'm) to be
- **haven't met**: (*nous ne nous*) sommes pas *encore* rencontrés (have not = *haven't*)
- **did you get to**: êtes-vous arrivée
- **are you staying**: restez-vous
- **It's**: c'est (it is = it's)
- **I've been**: je suis déjà venue (I have = I've)
- **like**: aimez (I like it: ça me plaît)
- **love**: j'adore, j'aime *beaucoup*
- **I was born**: je suis né (toujours I *was born*, jamais I *am born*)
- **You must know**: vous devez connaître
- **I do**: oui (*je le connais*)
- **I could show you**: je pourrais vous montrer
- **giggles**: ricane
- **I'd like**: j'aimerais (I would = I'd)
- **live**: habiter, vivre (NB: I live *in* Paris: j'habite *à* Paris)
- **I did**: j'y ai vécu
- **I find**: je trouve
- ***laughs***: *elle* rit
- **I *think***: je crois
- **I mean**: je veux dire
- **don't waste**: (*vous*) ne perdez pas (*de temps*) (do not = don't)
- **I try not to**: j'essaie de ne pas (*le faire*)
- **I wish I could**: j'aurais aimé
- **There's**: il y a (there is = there's)
- **to see**: voir
- **and learn**: *et* apprendre (on n'ajoute pas *to* learn)
- **We could start**: nous pourrions commencer
- **by visiting**: par visiter

EN SAVOIR PLUS

La *cocktail party* est un élément central de la vie mondaine américaine. Les contrats d'affaires y sont souvent conclus ou rompus. Les *cocktail parties* sont généralement d'un ennui mortel, les hôtes restant debout, sirotant leurs cocktails et échangeant potins et platitudes tout en s'efforçant de cacher leur haine réciproque. Pour qui est en quête de stimulation intellectuelle et souhaite s'interroger sur le sens profond de l'existence, les *cocktail parties* sont à éviter à tout prix.

VOCABULARY

- **hit it off**: ils s'entendent à merveille (*expr. idiom.*)
- **right away**: tout de suite
- **Hello, Hi**: Bonjour (passe-partout, pas besoin de dire *Good Evening*)
- **Hello there** = *expr. idiom.* (there n'ajoute rien au sens)
- **Southern Europe**: Europe du sud
- **I'm Jade**: Je suis Jade (*elle se présente*)
- **Pleased to meet you**: ravi de faire votre connaissance
- **You too**: vous aussi
- **just** = just yesterday: hier seulement
- **last night**: hier soir/cette nuit
- **just a week**: *seulement* une semaine
- **trip**: voyage (to take/to go on a trip)
- **couple of times**: litt. *deux fois*
- **such a**: tellement (*such a* beautiful girl: *une* fille *tellement* jolie)
- **right?**: n'est-ce pas ? non ?
- **near**: près de
- **suburbs**: banlieues
- **pretty good**: assez bon (aussi *quite* good)
- **the windy city**: appellation pour Chicago (New York: The Big Apple)
- **That's right**: c'est ça
- ***a* student**: j'étais étudiant… on *ajoute* l'article indéfini en anglais
- **attractive**: attrayant(e), jolie
- **thanks**: merci (abbréviation de thank you)
- **much time**: beaucoup de temps (voir much, a lot)
- **Wasting time is**: (*le fait de*) perdre le temps, *c'est*… (wasting time devient le sujet de la phrase)
- **un-**: non-

SIGHT-SEEING

*Rémy **waits** at the Eiffel Tower. Jade arrives in a Chanel **suit**. Rémy is **impressed**. His **tastes** are very French **despite** his cosmopolitan lifestyle.*

Rémy: Well *hello*! **You look** wonderful!
Jade: **Yeah**, I thought **I'd try** and **fit in**! You know; look French.
Rémy: Well, you look great. **Shall we begin**?
Jade: **Sure**! But this I know **already**. The Eiffel Tower…
Rémy: Right. So I **thought** we could start with the Trocadéro **first**, **across** the river, then **take it from there**.
Jade: Right, just **play it by ear**, huh?
Rémy: Right. You **aren't afraid of walking**, **are you**?
Jade: **You kidding**? **Do I look like I am**?
Rémy: (*laughing*) **Not really**. You **seem** like a woman who's **up for anything**.
Jade: (***smiling***) **I can see that** I've made a good first impression.
Rémy: It **couldn't** be **otherwise**.

*They **cross** the bridge.*

Rémy: **That's** the Seine **of course**. **It cuts** the city into left and right banks. We're on the left bank **right now**.
Jade: Which bridge is that?
Rémy: That's a bridge for **pedestrians**. And **those** are **sight-seeing** boats.
Jade: **Is there any** industrial or trade traffic on the Seine?
Rémy: Sure! The police have boats. Sometimes government officials **use** boats. And **of course** there are barges for cargo – for construction materials **mostly**.
Jade: **Can** private individuals **own** boats?
Rémy: Oh, **absolutely**! They have houseboats **called** *péniches*.
Jade: Called *what*?
Rémy: No no, péni*ch*e with a '*sh*', not a '*s*'… (***wiggling** his **eyebrows***) Very romantic!
Jade: Oh **I'll bet**!

*Jade laughs. **Raises** her eyebrows. They walk.*

Jade: **How far is our office** from here?
Rémy: Oh not far **as the crow flies**. You go **down** the Seine, take that **overpass**, cross the river and **go right**.
Jade: Do **most people** have cars here? Or do they use **public transport**?
Rémy: Well, **a lot of** people use the *métro*…

Jade: That's the **subway** right? The **underground**?

Rémy: Right. There are two kinds of underground trains. **One** only inside city limits **and the other** also for suburbs. There are surface trains too, and buses. **Not to mention** taxis.

Jade: Right. **So who needs** cars?

Rémy: **Exactly**.

VERBS

- waits: attend
- You look: vous êtes (belle) (to look: être, avoir l'air de)
- I'd try: j'essaierais (I would = I'd)
- fit in: s'adapter
- shall we: on y va?
- begin: commencer
- gave: donné
- thought: pensé
- aren't: n'es pas (are + not)
- (to be) afraid of: avoir peur de
- seem: paraissez
- *smiling*: en souriant
- I can see: je vois
- couldn't: ne pourrait pas (could not = couldn't)
- cross: traverser
- That's: (là-bas) c'est (that is = that's)
- cuts: coupe
- use: utilisent
- can … own: peuvent-ils posséder
- called: appelés
- *wiggling*: haussant (to wiggle: agiter, tortiller)
- I'll bet: c'est cela, oui! *expr. idiom.*
- Raises: lève

VOCABULARY

- Sight-seeing: faire du tourisme, visiter
- Suit: costume/tailleur
- *Impressed*: admiratif, sous le charme (pas *impressionné* !)
- *Tastes*: goûts
- Despite: malgré
- Yeah: ouais
- Sure: d'accord
- Already: déjà
- first: d'abord
- across: de l'autre côté, en face
- take it from there: on commencera par ça (*expr. idiom.*)
- play it by ear: on avisera (*expr. idiom.*)
- are you: n'est-ce pas ? si ?
- Not at all!: pas du tout!
- You kidding: tu plaisantes ! Tu blagues ! (NB: *are* you kidding?)
- Do I look like I am: j'en ai l'air? (NB: Do I look like I am *afraid*)
- Not really: pas vraiment
- up for anything: prête à tout, qui n'a peur de rien
- that: que
- It: il/elle
- Otherwise: autrement
- of course: bien sûr
- right now: en ce moment
- pedestrians: piétons
- those: ceux/celles-là
- Is there *any*: y-a-t-il *du*
- mostly: surtout, le plus souvent
- absolutely: absolument
- *eyebrows*: sourcils
- How far is our office: à quelle distance se trouve notre bureau
- as the crow flies: à vol d'oiseau
- down: en aval
- overpass: pont (*sur une route*)
- go right: tourner à droite
- most people: la plupart des gens
- public transport: transports en commun
- A lot of: beaucoup de
- subway/underground: US/GB pour métro
- One… and the other: l'un… et l'autre
- Not to mention: sans parler de
- So who needs: alors personne n'a besoin de (*expr. idiom.*)
- Exactly: exactement, précisément

RÉMY FINDS OUT HE MUST TRAVEL

Rémy's *office. The phone* ***rings****.*

Rémy: Hello?

Other end: Hi, Rémy… **George here**. Not **catching you at a bad time** am I?

Rémy: Oh no, not at all.

George: How are you?

Rémy: Great. **How about yourself**?

George: Ok, **I guess**. **You know**, with all these **goings-on**. Um, **listen**, did you get my last mail?

Rémy: Yes, I did. So **you're sure** I have to go?

George: Yes. You know, for all the reasons I mentioned in my mail.

Rémy: Uh-huh. And how long do you think **I'll have to stay**?

George: Oh I don't know. **As long as** the audit takes, I guess. A couple of weeks. I mean, *you* **have nothing to worry about**: **you guys** are making profits, but in some countries, their *life* **depends on** this.

Rémy; Sure. I understand. Could you send me details, **though**?

George: Oh sure. **I'll have Jenny fax** them over to you *pronto*. You know you'll have to make a presentation of course, on business **and so on**. A *full* **country report**. Also **any other details you think** are important.

Rémy: **Yup**. *And* **send you** the questionnaire, right? **Filled out**.

George: Right. And, um, d'you think your office **could spare** you for a couple of weeks? Do you have **reliable staff**?

Rémy: Oh sure. But I will need an office there, you know, basic **facilities**.

George: Oh absolutely, no problem.

Rémy: Because I *am* **on the verge of closing** some very big deals. Business is **booming** as you know.

George: Oh we know that, Rémy. But you know how financial people can be.

Rémy: Yeah, no problem. Anyway, **I'd be crazy to** refuse two weeks in sunny San Francisco right?

George: Yeah! **How's the weather** over there?

Rémy: Oh pretty terrible. **Freezing cold** and **gray**. But normal for **this time of year** I guess.

George: Ok then, Rémy. **Won't keep you much longer**. Um, did you get the price sheets you asked for? And the investment info?

Rémy: Yes I did. Thanks. And I'll send you my report **as soon as** I **write it up**.

George: Perfect. Great talking to you Rémy. I'll see you soon.

Rémy: Yeah. Bye.

VERBS

- find out: découvrir, se renseigner
- must travel: doit voyager (NB: finds out *that* he has to travel, *that* omis)
- *rings*: sonne
- listen: écoute
- you're sure: tu es sûr (NB: l'ordre des verbes *n'est pas inversé*)
- I'll have to: je devrai rester
- to worry *about*: se préoccuper *de*
- depends on: dépend *de*
- send you: t'envoyer
- could spare: pourrait se passer de
- Won't keep: je ne te garderai (will not = won't)
- Filled out: rempli
- closing (a deal): conclure un marché, signer un contrat

VOCABULARY

- *Rémy's*: de Rémy
- George here: George à l'appareil
- catching you at a bad time: je ne te dérange pas (*expr. idiom.*)
- How about yourself: et vous ?
- I guess: je suppose
- goings-on: (*péjoratif*) tout ce qui se passe, les événements
- As long as: aussi longtemps que (à ne pas confondre avec so long as, as long as = *tant que*)
- have nothing to worry about: n'as rien à craindre
- you guys: vous (informel, amical) (guys: *les mecs, les amis, les filles*)
- though: mais (au lieu de but au début de la phrase, on ajoute though à la fin, très idiomatique)
- I'll have Jenny fax...: je demanderai à Jenny de faxer... (have someone do something: faire *faire* qqch à qqun)
- and so on: et ainsi de suite
- country report: rapport pays
- any other: d'autres
- details you think: détails que tu penses (*être importants*)... (details *that* you think; *that* omis)
- Yup: ouais
- reliable staff: du personnel fiable
- facilities: matériel, équipements, installations
- on the verge of closing: sur le point de conclure
- booming: excellent (principalement utilisé pour le *business*)
- I'd be crazy to: il faudrait (*que je sois*) fou pour refuser...
- How's the weather: quel temps fait-il (how is = how's)
- Freezing cold: très froid (to freeze)
- gray: gris (US = *gray*; GB = *grey*)
- this time of year: à cette époque de l'année
- keep you much longer: (*je ne*) te retiendrai pas plus longtemps
- as soon as: dès que
- write it up: écrire un rapport; ajouter '*up*' à la fin donne la connotation de *terminer la chose* (finish it *up*, eat it *up*...)

RÉMY **PREPARES FOR** HIS TRIP

On the phone.

Voice: Hello, *Auto-rent*, **this is your assistant Laurie speaking**, **how may I help you**?
Rémy: Um, hi. **I need to rent** a car, please.
Voice: Ok. Do you have an **account number,** sir?
Rémy: Yes, I do. **Here it is**: RX 432 ***slash*** 543.
Voice: Thank you, sir. (*pause*) **All righty**, let me see. Mr. *Dee la Barb*?
Rémy: That's right.
Voice: What kind of car **will you be needing,** sir?
Rémy: Oh, a compact **should be good enough**.
Voice: Which city?
Rémy: San Francisco, **next Tuesday**. The **18th of March**.
Voice: All right, sir, **let me see if I can** reserve that for you…
Rémy: Ok.
Pause.
Voice: **I'm sorry,** sir, **I'm going to have to put you on hold**. I'll have **to check availability** on that.
Rémy: No problem. Just **keep in mind** I'm calling **long distance even if** this is a **collect call**…
Voice: No problem. **I'll be right back,** sir.

Rémy waits.

Voice: Mr. *um… Dee la Barb*?
Rémy: Yes?
Voice: It's no problem, sir, your car is reserved. It'll be **waiting for** you; **all you need to do is** go to our **counter** at the airport and… I suppose **you will be picking it up** at the airport?
Rémy: That's right.
Voice: Well, it'll be there, sir. Let me give you your **reservation number**.
Rémy: Right. **Go ahead**.
Voice: RX 432 18CSF. Would you like me to repeat that, sir?
Rémy: No, **I've got it**. RX 432 18CSF, right?
Voice: Right, sir. **You have** a nice trip, sir.
Rémy: Thanks.
Voice: **Anything else I can do for you today**?
Rémy: No **that'll be all**, thanks very much.
Voice: **You're welcome,** sir, and **thank you for using** *Auto-rent*.

Second phone call. This time to Rémy's ***corporate travel agency*** *in London.*

VERBS

- Prepares *for*: (il) prépare
- may I help: puis-je vous aider; dans une question
- I need to rent: j'ai besoin de louer
- will you be needing: aurez-vous besoin
- should be: devrait être
- let me see if I can: je vais voir si je peux
- I'm going to have to: je vais devoir (going to: futur proche)
- to check: vérifier
- waiting *for*: attendre qqun, qqch
- you will be picking it up: vous la récupérerez (*la voiture*)
- I've got it: je l'ai
- You have: passez un bon séjour; *impératif* mais plus poli avec le you ajouté au début. Plutôt US que GB.

EN SAVOIR PLUS

Les voyages en avion sont devenus une réalité banale aux États-Unis. Prendre l'avion y est plus courant que prendre le bus ou le train. Il règne donc une concurrence effrénée entre les compagnies américaines proposant leurs services sur les vols nationaux. Cette concurrence ne se traduit toutefois pas forcément par de bons services à bord. Ne vous attendez surtout pas à de doux sourires ou à quelques mots d'encouragement de la part des hôtesses. Le voyageur est prié d'attacher sa ceinture et de la boucler.

VOCABULARY

- this is your assistant Laurie speaking: votre assistante Laurie à l'appareil
- how may I help you: comment puis-je vous aider
- account number: numéro de compte
- Here it is: le voici
- *slash*: barre '/'
- All righty: expr. très US pour all right
- good enough: suffisant
- next Tuesday: mardi prochain
- 18th of March: le 18 mars (aussi March 18th)
- I'm sorry: Désolée, Pardon
- put you on hold: vous faire patienter (to be on hold)
- availability: disponibilité
- keep in mind: garder à l'esprit
- long distance: tout appel qui n'est pas local
- even if: même si
- collect call: appel en PCV
- I'll be right back: je reviens tout de suite
- all you need to do is: il vous suffit de (all you need to do is… + verb)
- counter: guichet
- reservation number: numéro de réservation
- Go ahead: allez-y
- Anything else I can do for you today: je peux faire autrechose pour vous ? (*today* à la fin: purement idiomatique)
- that'll be all: ce sera tout
- You're welcome: je vous en prie (anytime, my pleasure, sure, no problem)
- thank you for using: merci d'avoir choisi (thank you *for* + verb *ing*)
- *corporate travel agency*: agence de voyage pour les sociétés

Rémy: Hi, **could I speak to John, please**?
John: **Speaking**.
Rémy: John, hello. Rémy here, from Paris.
John: Hello, Rémy… **What can I do for you**?
Rémy: Listen, I need to fly **round-trip** to San Francisco next week. And I **wanted to know if you could** solve my **frequent flier** problem. There appears to be some problem with my miles, and **nobody seems to know what to do** about it *here*…
John: Certainly, no problem. I can **take care of** that. Should I **get back to you** by email?
Rémy: **Oh, please**! That would be great. Thanks.
John: **Any time**. Will that be all?
Rémy: Yes.
John: Right, then, bye bye.
Rémy: Yeah, bye.

Rémy starts to ***daydream****. Gets a* ***brainwave****. Starts to* ***type up*** *an email.*

Hello Jade,

If you remember, we met in Paris **earlier** this year. I **enjoyed showing** you around the city.

As you probably **know**, I will be in San Francisco next week for the country audits. I was wondering if we could meet at that time, **although** I suppose we'll meet at work **anyway**. **I've been informed** I need to make a full country report and **since** you're **VP** Operations, I suppose you'll have to be there.

Still, I do hope we can meet more informally **as well**.
Let me know if it's possible.

Looking forward to hearing from you,
Regards,
Rémy.

Final call.

Rémy: Hello? **Yes, John again please**.
John: Yes? This is John.
Rémy: Hi, John, **Rémy again**.
John: Yes, **what's up**?
Rémy: Well, **I** also **need you to** reserve a hotel room for me. **Same as usual**, at the Pomada. A **double room, with a view of the Golden Gate bridge** if possible; and **let them know** I'll be checking in **late in the evening**.
John: Right. **Anything else**? Will you have a car? Or will you need their **shuttle** to pick you up?

Rémy: No. I'll have a car.
John: Right! I'll **handle** that for you.
Rémy: And you will **confirm** by email?
John: Sure.
Rémy: Thanks.
John: Bye.

VERBS

- wanted to know if you could: je voulais savoir si tu pouvais
- nobody seems: personne n'a l'air de
- take care of: s'occuper de
- get back to you: te répondre
- *type up*: taper
- enjoyed: ça m'a fait plaisir de (NB: enjoyed *showing*: to enjoy + participe présent)
- I've been informed: j'ai été informé
- Looking forward to: en attendant de
- I need you to: j'ai besoin que tu fasse (I need you to + verb)
- handle: m'occuperai de
- will confirm: confirmeras

VOCABULARY

- could I speak to John, please: pourrais-je parler à John svp ? (aussi Is John there please)
- Speaking: c'est moi-même (aussi this is John, this is he, this is John speaking)
- What can I do for you: que puis-je pour vous (aussi may I help you, how can I help you)
- frequent flier: programmes de fidélisation des compagnies aériennes
- Oh please: oui s'il te plaît
- Any time: je t'en prie (you're welcome, my pleasure…)
- *daydream*: songer, rêver
- *brainwave*: idée géniale
- If you remember: si tu te souviens (you might recall, you might remember)
- earlier: plus tôt
- As you … know: comme vous le savez
- although: bien que, même si (pas de *subjonctif* en anglais.)
- anyway: de toute façon
- since: puisque
- VP: Vice President
- Still: cependant, néanmoins (however, nevertheless, even so)
- as well: aussi (à ne pas confondre avec as well = aussi bien)
- Let me know if: fais-moi savoir, dis-moi si (keep me posted)
- Looking forward to hearing from you: dans l'attente d'une réponse de ta part; formule très courante à la fin des lettres (I look forward to hearing from you)
- Regards: cordialement, salutations (best regards, sincerely, warmest regards)
- Yes, John again please: oui, John encore une fois svp (au téléphone)
- Rémy again: c'est encore Rémy (à l'appareil)
- what's up: qu'est-ce qui se passe ?
- Same as usual: le même que d'habitude
- double room: chambre double
- with a view *of* the Golden Gate bridge: avec une vue *sur* le Golden Gate
- let them know: fais-leur savoir, dis-leur
- late in the evening: tard dans la soirée
- Anything else: (y-a-t-il) autre chose ?
- shuttle: navette

RÉMY ARRIVES IN SAN FRANCISCO

He gets out of ***Arrivals*** *and* ***follows the signs*** *to Car Rentals. Finds the Auto-rent counter. He waits.*

Woman at the counter: Good afternoon, sir. **Are you being helped**?
Rémy: Uh no. I have to pick up a car please?
Woman: All right, sir, could I have your account number, please?
Rémy: Sure.

He gives her the number. She ***stares*** *at her computer.*

Woman: Ummm. Just a minute, sir. Uh, *Myra*?
Myra: Yeah?
Woman: Could you check this for me on your machine? My **screen says** something **weird**.
Myra: Let me see that.

Long pause ***during which*** *Rémy sees* ***that*** *Myra is the manager.*

Myra: I'm sorry, sir. We don't seem to have **your choice of vehicle**.
Rémy: **What do you mean**? I reserved it last week!
Myra: I'm sorry, sir, but there's been **some sort of mix-up**. The **only thing I have available** is a truck…
Rémy: Oh great. That's perfect!
Myra: I'm sorry, sir. There's a big conference **going on** in the city right now…
Rémy: That's not my problem, is it? I reserved my car *last week*…
Myra: Well it says here, sir, that your car is available in the city. You can pick it up there.
Rémy: Oh great, ***just great***. And how do I **get** there?
Myra: Well, sir, we have a shuttle **going** into the city **every few minutes**. **If you like**, I could **put you on it first thing,** sir.
Rémy: Boy! **You people really are something**, you know that! **What happened to** classic American service, huh?
Myra: I'm sorry, sir, we're doing **the best we can**. I'll have our driver take your **luggage,** sir.
Rémy: I'm a **preferred customer**! **Here**! **Look at** my card! It says *Gold*!
Myra: I can see that, sir. I **really am** sorry, sir.
Rémy: **Yes, well**, but **sorry's no help** is it?
Myra: I understand, sir. I'd send you a **chauffeur-driven** car, sir, but they're all gone…
Rémy: Yes, all right, whatever. I'll be waiting over there. ***Jesus***! **You people have no idea how exhausting it is** to travel **over** from France. *No idea at all*!
Myra: I **do apologize,** sir. The driver will be with you **in a moment,** sir.

Later. Rémy is in the shuttle ***alone*** *with the driver.*

VERBS

- being helped: être aidé
- *stares*: fixe
- *get*: vais
- get somewhere: aller, arriver quelque part
- going: qui va
- Look at: regardez !
- do apologize: je suis *vraiment* désolée

VOCABULARY

- *Arrivals*: le terminal des *arrivées* à l'aéroport. (départs: departures)
- *follows the signs*: suit les indications, panneaux
- Are you being helped: on s'occupe de vous ?
- screen says: (*mon*) écran affiche (it says: il est affiché, marqué)
- weird: étrange (*très* courant)
- *during which*: pendant laquelle
- *that*: on pourrait à la rigueur omettre le *that*, mais ce serait boîteux
- your choice of vehicle: le véhicule de votre choix
- What do you mean: Comment ! Que voulez-vous dire !
- some sort of: une erreur *quelquepart*
- only thing I have available: la seule chose que j'aie *de* disponible
- going on: en cours, qui a lieu
- *just great*: vraiment génial !
- every few minutes: toutes les (*quelques*) minutes ; (every few days, months…)
- If you like: si vous voulez
- put you on it: vous mettre dans la navette (on/in the shuttle)
- first thing: tout de suite (first thing in the morning: dès le matin)
- *Jesus*: se dit souvent; considéré par les Américains *croyants* comme blasphématoire… (aussi : Jeez, Christ)
- You people: vous (*autres*)
- really are something: (*vous*) êtes vraiment quelquechose !
- What happened to: où est passé
- the best (*that*) we can: de notre mieux
- luggage: bagages (toujours au singulier en anglais !)
- preferred customer: client privilégié, préféré
- Here: Tenez ! Voici !
- really am: (*je*) suis vraiment, profondément
- Yes, well: oui (*très*) bien (*mais*)
- chauffeur-driven: voiture avec chauffeur
- sorry's no help: (*votre*) *pardon* ne m'avance à rien (it's no help)
- have no idea: vous n'avez aucune idée
- how exhausting it is: à quel point *c'est* épuisant (*notez bien l'ordre*)
- over: notion de traverser, arriver quelque part
- in a moment: tout de suite
- *alone*: seul

EN SAVOIR PLUS

Le voyageur de passage à New York s'apercevra très vite que bon nombre de chauffeurs de taxi y sont d'origine indienne ou iranienne. L'origine du phénomène demeure mystérieuse. Certains experts y voient l'expression d'un lien spirituel profond entre les taxis de New York et les chauffeurs venus de ces pays. Les chauffeurs indiens et iraniens, affirment-ils, ressentent une attraction d'ordre religieux vers les taxis de la Big Apple. D'autres experts estiment en revanche qu'il s'agit simplement d'immigrés sans le sous cherchant à gagner leur croûte.

Driver: **Where to**? The Pomada right?

Rémy: Right.

Driver: I guess you're **mad,** huh? They didn't have your car?

Rémy: Yes. I can't believe it. Anyway, don't worry about it, it's not your problem.

Driver: Hey, man! *Everything*'s my problem. ***Problem* is my middle name**!

Rémy: (*laughing*) And what're your **other names**?

Driver: Sukhwinder and Gomez.

Rémy: Wow. Where's *that* from?

Driver: Oh, India and Mexico *originally*. But I was **born and raised** in Northern California.

Rémy: Oh. **How come**?

Sukhwinder: Well, my father's a **Sikh** from Punjab and my mother's Mexican. What about you, man? Where are *you* from?

Rémy: Oh, nothing **that interesting**. I'm from France. Born and raised there.

Sukhwinder: Oh wow, France, huh! **I have family** in Canada. Yeah, they speak French **up there** too. You speak French?

Rémy: Yup.

Sukhwinder: But you speak pretty good English too, man!

Rémy: Well, thanks. And how many languages do *you* speak?

Sukhwinder: English, Spanish, Punjabi.

Rémy: Wow. That **must be** fascinating.

Sukhwinder: Yeah. **It's ok**. You **get used to it**. You know, America: melting pot **and all that**.

Rémy: Right. So how long **have you been working** for these guys?

Sukhwinder: Not long, man. I'm waiting **to go back up north,** you know. **Buy some land** and **farm it**, like my family.

Rémy: What do they grow, your family?

Sukhwinder: Oh, you know, **artichokes**, broccoli, all the **stuff** parents love and **kids hate**.

Rémy: (*laughing*) Hey! Wasn't that the **exit** you just **missed**?

Sukhwinder: Yeah, man. But I was told to take you **on the double,** man. Because you're tired. So I'm going this way **because** there's **less** traffic.

Rémy: Oh, right. So **which way are you going**?

Sukhwinder: Well, basically, we get to the **financial district** and then go through the **downtown** area, instead of taking the **off-ramp straight to** your street.

Rémy: Right. How many **blocks** away is that?

Sukhwinder: Oh, man, it's **way off**. We'll be getting **to where the warehouses are**, you know? Near the station.

Rémy: Oh, whatever. **As long as** you know **your way**…

Sukhwinder: Sure, man, relax. I'll get you there in *no time at all*.

VERBS

- must be: doit être
- have you been working: travaillez-vous
- to go back: retourner
- Buy: acheter
- farm it: cultiver (*la terre*)
- hate: haïssent
- missed: raté (NB: I miss you = tu me manques)

VOCABULARY

- Where to: vous allez où ?
- mad: en colère (US), fou (GB); ici *en colère* (to get mad, angry)
- *Problem* is my middle name: mon deuxième nom, c'est *problème* (*expr. idiom.*) je suis fait pour ça, ça me connaît
- other names: d'autres noms (christian/first name: prénom; surname/last/family name: nom *de famille*)
- born and raised: je suis né et (*j'ai*) grandi (aussi born and brought up)
- How come: comment ça se fait, comment se fait-il que
- Sikh: Sikhs = communauté ethnique du nord-ouest de l'Inde
- that interesting: aussi intéressant (it's that good: c'est aussi bon *que cela*)
- I have family: j'ai de la famille
- up there: là-haut
- It's ok: ça va, c'est pas grand-chose (aussi it's all right, it's no big deal)
- get used to it: on s'y habitue
- and all that: et tout ça (*et tout et tout…*)
- up north: au nord (*expr. idiom.*) (*down* south, *out* west/east)
- some land: un terrain (voir some)
- artichokes: artichaux
- stuff: trucs (stuff: choses, trucs)
- kids: gosses, gamins
- exit: sortie
- on the double: tout de suite (*expr. idiom.*)
- Because: parce que
- Less: moins (more: plus)
- which way are you going: par où passez-vous (par *quel chemin*)
- financial district: quartier des affaires, centre-ville de San Francisco
- downtown: centre-ville (GB: city centre)
- off-ramp: sortie
- straight to: tout droit vers, *directe vers*
- blocks: coins de rue, pâtés de maison (une façon très US de mesurer les distances en ville)
- way off: très loin
- to where the warehouses are: (*là*) où sont les entrepôts
- As long as: tant que
- your way: ton chemin, le chemin

RÉMY AT THE HOTEL

*At **Reception**.*

Rémy: Hi. I **have a room reserved**?
Receptionist: Yes, sir. **Your name, please**?
Rémy: Rémy de la Barbe. It's on my passport if you want to know how **to spell** it.
Rec.: Thank you, sir. (*pause*) Ok, **here we go**. Double room, with a view.
Rémy: Perfect! **I was so afraid you'd say it wasn't available or something**.
Rec.: **Why would I do that** sir?
Rémy: Oh just **the kind of** evening I've had.
Rec.: Could you sign here please, sir? And fill that out…
Rémy: Sure.

*Rémy **signals to** Sukhwinder to wait. Sukhwinder **brings** Rémy's bags, **shakes hands with** the receptionist, **sits down**.*

Rémy: There is a **safe** in the room, right? I don't **recall from the last time**.
Rec.: Absolutely, sir. If not, we have **safe-keeping** here, sir.
Rémy: No. I prefer **my own** room.
Rec.: No problem, sir. Will you be needing anything else, sir?
Rémy: **What time is the bar open till**?
Rec.: **Until** 3 a.m., sir. And the coffee shop is open **24 hours**. Most of the restaurants in the area **close pretty late,** too.
Rémy: What about room service?
Rec.: Open 24 hours, sir.
Rémy: Thank you. Do you know where the *Auto-rent* office is **around here**? I need to pick up a car **first thing in the morning**.
Rec.: Well, they have an office just **around the corner,** sir. You **go out of** the hotel, turn right and it's on the **very first** corner. But they also have an office here in the hotel.
Rémy: Oh! Where exactly?
Rec.: **Right there,** sir. (***points***) In the travel office.
Rémy: And what time **do they open**?
Rec.: 8 a.m.
Rémy: **Are they open** now, d'you think?
Rec.: **It's worth a try,** sir. I'll call and check.
Rémy: Thanks.

***While** the Receptionist makes the call, Rémy **turns** to Sukhwinder.*

Rémy: Thank you, Sukhwinder. **Great talking to you**.
Sukhwinder: You too, man, I mean *sir…*
Rémy: (*laughs*) And thanks for taking **the** tension **off**!

Sukhwinder: **Sure thing**. And the **boys** here have my number. If you need anything, let me know!

They laugh, shake hands. Sukhwinder ***leaves****.*

Receptionist: **They're closed,** sir. But I've **left a message** for you.
Rémy: Perfect. **Are we done here**?
Rec.: Yes, sir. Here's your **key**. I'll have your luggage **brought up**.
Rémy: Thanks. Good night.
Rec.: Yes, sir. You have a **good night's rest,** sir.

VERBS

- to spell: épeler
- signals *to*: faire signe *à*
- brings: apporte
- shakes hands *with*: serrer la main *à*
- sits down: s'asseoit
- recall: rappelle
- go out of: sortez de
- *points*: montre du doigt, indique (to point *(at / to)*: montrer du doigt; to point *out*: indiquer)
- do they / Are they open: quels sont les horaires d'ouverture (*bureau*)
- tip: donner un pourboire (to tip someone)
- *turns:* se tourne vers, se retourne
- *leaves*: part
- brought up: ferai monter (*vos bagages*)

VOCABULARY

- *Reception:* la réception (*d'un hôtel*)
- have a room reserved: (*j'*)ai une chambre (*de*) réservée
- Your name please: votre nom svp
- here we go: voici
- I was so afraid you'd say it wasn't available: j'avais *tellement* peur *que* vous disiez *qu'elle* n'était pas disponible (les deux that sont omis: I was so afraid *(that)* you'd say *(that)* it wasn't available)
- or something: ou qqch comme ça
- Why would I do that: pourquoi ferais-je une chose pareille
- the kind of: le type de
- safe: coffre-fort
- from the last time: depuis la dernière fois
- safe-keeping: service de garde d'objets
- my own: ma propre…, à moi
- What time is the bar open till: jusqu'à quelle heure le bar est-il ouvert (aussi until what time is the bar open, how long/how late is the bar open)
- Until: jusqu'à (voir till/until)
- 24 hours: 24 heures sur 24 (7 days a week: sept jours sur sept)
- close pretty late: ferment assez tard
- first thing in the morning: dès le matin, à la 1re heure
- around here: par ici
- around the corner: au coin
- very first: tout premier
- Right there: juste là
- It's worth a try: ça vaut le coup d'essayer
- *While*: pendant que
- Great talking to you: (*c'était*) génial de te parler
- the tension off: (*d'avoir*) calmé les choses
- Sure thing: pas de problème (*argot*)
- Boys: les *gars*
- They're closed: ils sont fermés
- left a message: laissé un message
- Are we done here: nous avons terminé ici (to be done: avoir fini)
- Key: clé
- good night's rest: une bonne nuit de sommeil (get some rest, get a good night's rest, rest up: resposez-vous bien, repose-toi)

RÉMY AND JADE MEET

*Rémy **enters** a restaurant, **is shown to** his table. Jade enters **right after** him.*

Jade: **Hey** there!
Rémy: Hello again!
Jade: **You been waiting long**?
Rémy: **Nope**. **Just got here**.
Jade: So! How was your trip?
Rémy: Oh, ok, I guess. Not too bad. **It's a good thing** I **was able to** rest a little today.

*They look at the menus. The waiter **approaches**.*

Jade: Hi! Um, is the **Cajun chicken skinless**?
Waiter: Yes, **ma'am**. Very **lean**.
Jade: **Not too dry,** I **hope**.
Waiter: No, ma'am. Moist and light.
Jade: **I'll have that**. What'll *you* have, Rémy?
Rémy: I don't know. What do you **recommend**?
Jade: Well, what do you *like*? Fish, chicken or beef?
Rémy: Oh, chicken or fish, please. No **mad cow**.
Jade: (***chuckling***) Well, **no mad cows here yet!** Try the **swordfish**.
Rémy: Ok. But **without** the sword. **That way** I'll have a **smaller** portion, and I won't have any **sharp** objects in my **food**!
Jade: (*laughing*) Ha ha, **you're good!** (*to the waiter*) Um, we'll have the Chardonnay with that.

*Waiter **nods** and leaves.*

Rémy: So **how've** you been?
Jade: ***Busy***!
Rémy: Yeah? Are you very closely **involved in** the audits?
Jade: Oh absolutely! I have to check if operations are **up and working**, whether they justify **declared expenditures**... **It's a nightmare**.
Rémy: Yeah ... Um, you been on vacation **lately**?
Jade: Oh don't say that word! I can't *think* about that now.

Pause.

Rémy: Well I hope you'll have some **free time** while *I'm* here.
Jade: (*laughs*) Always **come right to the point**, don't you! Very ***un**-French*!
Rémy: (*chuckles*) Best to **cut to the chase**, **as they say**. We're **both** busy people!
Jade: (*suddenly*) **Oh hey**! **You like** baseball?
Rémy: Um, yeah, it's ok.
Jade: You want to go with me this weekend?

Rémy: Well, **now that** you **put it *that* way**, *of course*!
Jade: Ok then! **It's a date**!
Rémy: Let's **drink to** that! More baseball! Less work!

VERBS

- enters: entre
- is shown to: on lui indique sa table, on le dirige vers
- You been waiting: tu attends (abbrév. de: *have you been waiting*)
- was able to: j'ai pu
- *approaches*: s'approche
- hope: j'espère
- recommend: recommande
- *chuckling*: ricanant
- *nods*: faire signe de la tête pour dire oui
- involved in: tu t'occupes de
- You like: tu aimes (abbrév. de: *do you like*)
- drink to: boire à (*la santé de*)

VOCABULARY

- right after: juste après
- Hey: salut (*hi*!) (*très* US)
- long: longtemps
- Nope: non (*argot*)
- Just got here: je viens d'arriver (voir just) (to get somewhere)
- It's a good thing: heureusement, c'est bien que
- Cajun chicken: poulet grillé façon *Cajun* (Cajun: déformation de *Arcadians*, groupe ethnique en Louisiane)
- skinless: sans peau
- ma'am: Madame (on dit aussi *Madam*)
- lean: viande maigre, sans gras
- Not too dry: pas trop (too: trop)
- I'll have that: je prendrai ça (to have: au restaurant, on dit I'll have: je prendrai; what will you have?: qu'est-ce que vous prendrez ?)
- mad cow: vache folle
- no mad cows here yet: *il n'y a* pas encore de vaches folles ici
- swordfish: espadon
- without: sans
- That way: comme ça, de cette façon-là
- smaller: plus petit(e)
- sharp: pointu, aigü (Rémy fait un jeu de mots avec *sword* : épée)
- food: nourriture, repas, plat
- you're good: t'es doué (ici: *t'es drôle* !)
- how've: comment as-tu (how have = how've)
- *Busy*: occupé
- up and working: fonctionnent bien
- declared expenditures: dépenses déclarées
- It's a nightmare: c'est un cauchemar, infernal
- lately: dernièrement, récemment
- free time: du temps libre
- come right to the point: venir droit au but
- *un*: non- (*préfixe*)
- cut to the chase: aller droit au but
- as they say: comme on dit
- both: tous les deux
- Oh hey: dis donc ! au fait !
- now that: maintenant que
- put it *that* way: tu le dis comme ça
- It's a date: c'est bon ! le rendez-vous est fixé (date: rendez-vous *galant*)

EN SAVOIR PLUS

Les *Cajuns* sont une communauté rurale de Louisiane. Les *Cajuns* parlent une sorte de patois très proche du français : à supposer qu'il soit parlé par un Parisien dans un état avancé de délire psychotropique… Les *Cajuns* sont célèbres pour leur gastronomie originale et savoureuse. Le *gumbo* est un plat qui se prépare en jetant pêle-mêle épices, viande et légumes dans un grand chaudron rempli d'eau des bayous portée à ébullition. K. Paul's est le restaurant *Cajun* le plus célèbre des US.

AT THE OFFICE

Rémy enters a ***huge office building****.*

Receptionist: Good morning, may I help you?
Rémy: Yes, I need to see George Keefe, **Overseas Operations**.
Rec: **Who should I say is here**?
Rémy: Rémy de la Barbe from Paris. Here's my card.

She looks at it. Calls.

Rec: You can **go on up,** sir. Mr. Keefe's office is **#** 505. You **take** the **elevator** to the **fifth floor** and go right. It's the third office **on your left**.
Rémy: Thanks.

He takes the elevator. Finds the office.

George: Hi, Rémy. **Pleasure to see you** again. **Hope** you had a good night's sleep?
Rémy: Oh, great.
George: Good. You know Jenny? My **gal Friday**?
Jenny: Hi, Rémy.
George: Jenny's already got some messages for you. **Working hard over** in France, huh!
Rémy: Oh, absolutely. Let me **take a look at** that.
George: Anything urgent?
Rémy: No, it's fine. **All taken care of**.
George: Perfect! Now Jenny **here** will show you your office. And she'll be your assistant You'll have all the facilities of course, and the **conference room** if you need it.
Rémy: Great. I'll need to **be briefed** on the **main issues**, to see if I need to **revise** my presentation.
George: Well, if it's **any consolation**, I went through your report. It looks great. If those **figures** are **accurate**, things in France look very **sweet**.
Rémy: Yeah, the French **are into** sweet figures **all right**!
George: Ha ha! And accurate ones too, I hope.
Rémy: Oh they're accurate, no need to worry. But I'll still need some info myself.
George: No problem. Jenny'll give you **all you need**. And I'll **fill in the gaps**. **How does that sound**?
Rémy: Perfect.
George: Oh. And you have a **lunch appointment** today with some other **country managers** and VP's from here. **That ok with you**?
Rémy: Hey, **can't complain**. Let me just get to my office and **get settled**.

VERBS

- Take: prenez
- take a look at: regarder, jeter un coup d'œil sur
- be briefed: être informé, *briefé*
- revise: réviser, amender
- can't complain: je ne vais pas me plaindre
- get settled: s'installer

VOCABULARY

- At the office: au bureau
- *huge*: énorme
- *office building*: immeuble de bureaux
- Overseas Operations: opérations internationales
- Who should I say is here: qui dois-je annoncer
- go on up: allez-y, montez (to go on: continuer; up: en haut)
- #: symbole aux US pour *numéro*
- elevator: ascenseur (US) (GB: lift)
- fifth floor: cinquième étage
- on your left: sur votre gauche
- Pleasure to see you: ravi de vous voir (*It's* a pleasure to...)
- Hope: j'espère (*I* hope...)
- gal Friday: mon assistante (*expr. idiom.*) référence à *Man Friday – Vendredi* – compagnon de Robinson Crusoé
- Working hard: *vous* travaillez dûr (*you're* working hard...)
- Over (*in France*): là-bas en France
- All taken care of: ça va, je m'en suis occupé (take care of) (*It's* all taken...)
- Here: voici Jenny qui... (here: ici, voici)
- conference room: salle de réunions
- main issues: principaux points, questions
- any consolation: si ça peut te rassurer
- figures: chiffres mais aussi corps d'une femme (to have a good figure: avoir la ligne, être bien faite)
- accurate: précis, bons
- sweet: sympathique
- all right: ah oui, je peux vous l'assurer ; il n'y a pas de doute là-dessus (all right à la fin d'une phrase met l'accent sur ce qui vient d'être exprimé)
- all you need: tout ce dont vous avez besoin (all *that* you need)
- fill in the gaps: combler les lacunes (gaps: failles, écarts)
- How does that sound: qu'est-ce que vous en pensez ? ça vous va ?
- lunch appointment: rendez-vous de déjeûner
- country managers: directeurs pays
- That ok with you: ça vous va ? (*Is* that ok...)

RÉSUMÉ DE GRAMMAIRE I

Past perfect: passé récent / une action terminée dans le passé dans un laps de temps *indéterminé*.

Se forme avec le verbe to have + participe passé.
Ex. : we have met before : nous nous sommes (*déjà*) reconcontrés.
Your taxi has arrived : votre taxi *vient d'arriver*.

Simple past

En anglais, il n'y a pas de *passé composé*. Pour une action terminée dans une période *précise* du passé, on utilise le **simple past**. Le **past perfect** qui *ressemble* au passé composé n'exprime pas une action dans un passé *déterminé*.
J'ai lu ce livre *l'année dernière* : I read this book *last year*.
Je suis venu (*te*) dire au revoir : I came to say goodbye.
Mais :
J'ai *déjà* lu ce livre : I have *already* read this book.
Je suis *déjà* venu à Paris : I have come to Paris *before*.

Inversion de l'ordre dans les questions

En anglais, l'ordre des mots/verbes d'une phrase s'inverse lorsqu'on en fait une question. On ajoute aussi l'auxiliaire to do, selon le temps du verbe.
Ex. 1 **Simple present**
I speak English : je parle anglais.
Question : *Do you speak* English?

Ex. 2 **Simple past**
I went to Paris : je suis allée à Paris.
Question : *Did you go* to Paris?

Ex. 3 **Present continuous**
I am staying with a friend : je loge chez un ami.
Question : *Are you staying* with a friend?

Ex. 4 **Future**
I will go to Paris : j'irai à Paris.
Question : *Will you go* to Paris? : est-ce que tu…

Present continuous

Une action dans le présent qui se prolonge dans le temps ou qui est *en train de se produire*…
Je *lis* ce livre : I am reading this book (*lire : une action qui se prolonge*)
Je *vais* au travail (*en ce moment-même*) : I am going to work.
MAIS pour une action régulière ou fixée dans le temps :
On passe au **Simple Present**
Je *travaille* au centre-ville : I work downtown.
(Le **simple present** est aussi utilisé pour les indications scéniques telles que vous voyez dans ce livre)

Contractions

Une facilité, paresse, possibilité ; les raccourcis facilitent énormément les choses…
I + am = I'm
she/he + is = she's/he's
we/you/they + are = we're/you're/they're
I/you/she/he/we/they + will = I'll/you'll/she'll/he'll/we'll/they'll
are + not = aren't
will + not = won't
do + not = don't
does + not = *doesn't*
can + not = can't
I + have = I've
have + not = haven't
I/you/she/he/we/they + would = I'd/you'd/she'd/he'd/we'd/they'd
would + not = wouldn't
could + not = couldn't
that/what/it + is = that's/what's/it's
there/where/who/how + is = there's/where's/who's/how's

● **Just** : passé récent ; 'seulement'
I just ate : je *viens de* manger.
I just want a coffee : je veux *seulement* un café

● **Prepositions**
In : dans, en
At : à
Near : près de
On : sur
Of : de
From : de, depuis
Since : depuis, puisque
Around : autour de, environ
By : de, par
With : avec
Under, beneath : sous
Over, above : au-dessus de, sur
Without : sans
Across : en face de

● **A lot of, much, lots of, many**
Pour exprimer la quantité.
A lot of: beaucoup de / un tas de (pour des noms collectifs : a lot of money, a lot of light, space, love, people, emotion… ou pour exprimer l'idée d'un *tas* : a lot of books)
Much: beaucoup (mode comparatif : much more, much longer) (mode négatif: I don't have much money; I don't have much time…)
Lots of: pareil que 'a lot of' mais *vraiment beaucoup* !
Many: beaucoup de (objets au pluriel : many *books*, many *boys*; on ne dirait pas 'many money' mais on dirait 'many people'…)

● **Any/some**
Do you sell any mystery books? : vendez-vous des polars ? (comme si on s'attendait à une réponse *négative*…)
Could I have some milk? : pourrais-je avoir du lait ? (comme si on s'attendait à une réponse *positive*, donc une formule de politesse)
Some : *un peu*
We did get some sunshine: on a quand-même eu *un peu de* soleil (on ne dirait pas *any* sunshine, mais la *question correspondante* serait : Did you get *any* sunshine?)

● **Those/these**
Ces livres(-ci) : these books
Ceux(-ci) : these…
Ces livres(-là) : those books
Ceux(-là) : those
Ceux qui prétendent tout savoir : *those* who claim to know it all

● **Who which that: pronoms personnels**
qui ouvrent des clauses subordonnées.
Ex : le type *qui* m'a donné la boîte *que* j'ai chez moi = the guy *who* gave me the box *that/ which* I have at home.
Who pour une personne, which et that pour les objets inanimés / animaux.
Ex: the dog *that* dirtied my carpet is still here: le chien *qui* a sali ma moquette est encore là.
That se place traditionnellement après le sujet de la phrase, which après le complément.
On ne dirait pas : the dog *which* dirtied my carpet is still here.
Mais on pourrait dire:
I bought the dress *which/that* was in the window: j'ai acheté la robe *qui* était en vitrine (dress étant le *complément* de la phrase).
Aujourd'hui that/which sont souvent interchangeables ou même carrément omis *sauf quand ils sont suivis d'un verbe*.
Ex. : the box *that/which* I have at home: la boîte que j'ai chez moi.
Devient: the box I have at home.
NB : Parfois on entend the guy *that* gave me… au lieu de the guy *who* gave me… C'est *déconseillé aux étrangers*. Chez un Américain c'est *mignon* ; chez vous, *une erreur* !

BUSINESS LUNCH

Jack: Hi! I'm Jack. You ready?
Rémy: Sure!
Jack: This is Peter and Stephen **from** Marketing, Yuri from Moscow, Ernesto from Mexico City.
Rémy: Hi. I'm Rémy from Paris.
Jack: **Shall we**?

They ***exit*** *the building.*

Rémy: I thought no one **took time off** for lunch in America.
Jack: Oh we don't! This is a **working lunch**!

They enter a ***steakhouse****.*

Jack: Ok, now this place *looks* like a steakhouse. But the food is really **healthy**. You can **order** sushi, tofu, soymilk… **Anything** that **takes your fancy**.
Rémy: I'll go for the British beefsteak. I don't want **to risk getting** ***mad tofu disease***!

They laugh. They sit.

Stephen: So how're things over in France, Rémy? George tells us you're right **on top of things** !
Rémy: Oh, I **prefer it** when the woman's **on top, myself**.

Loud laughter.

Yuri: Ha ha ha! **Spoken like** a true Frenchman.
Jack: You should do **stand-up comedy**!
Rémy: Oh, I'm too **upstanding** for that.

They laugh again.

Jack: So, Rémy, why don't you brief us a little on some key issues? I was in France some years ago and things **weren't so hot then**. How did you **turn things around?**
Rémy: Oh, well I think we're proactive, we get to the business **first** and we **beat** the competition. But we're also **lucky**: we have a lot of *excellent* **people**.
Stephen: So what's it like to work in France? Do people take long vacations? Long lunch hours? Is there a lot of **downtime**?
Rémy: No. I think the French like to live well and you have to **take that into account**. But it's not a problem.
Jack: Yeah, *joie de vivre*, isn't that **what you call it**?
Rémy: Absolutely. But most of my team is **young**, **well-traveled** and dynamic.
Peter: Do you guys **hang out** together?

VERBS

- Shall we: on y va ?
- *Exit*: sortir
- order: commander
- to risk getting: courir le risque *d'attraper*
- make it here: sont pas arrivés ici (to make it: arriver, réussir) (*argot*)
- You mean: tu veux dire
- prefer it when: je préfère quand
- beat: battons, arrivons à battre
- take that into account: prendre cela en compte

EN SAVOIR PLUS

Les étrangers désireux d'établir des relations commerciales aux États-Unis seraient bien inspirés de se familiariser avec les sports du pays. Parler sport est souvent le meilleur moyen d'huiler les rouages du *business* à l'américaine. Pour l'étranger moyen, parler de sport peut être une redoutable arme de séduction, l'homme d'affaires américain pouvant rarement résister à de subtiles références aux équipes de sports ou aux statistiques des joueurs de sa glorieuse nation. Pour un succès garanti, l'étranger exprimera une passion sans borne pour les sports américains et un parfait mépris pour ceux qui ne le sont pas... le foot, par exemple, qu'il appellera *soccer*.

VOCABULARY

- from: de
- took time off: prenait tu temps (to take time off: prendre des vacances, marquer une pause)
- working lunch: déjeuner de travail
- *steakhouse*: un *grill* ; restaurant bon marché où on mange du steak, du poulet frit...
- healthy: sain
- Anything: tout ce qui, ce qui
- takes your fancy: qui te plaît, qui te branche
- *mad tofu disease*: maladie du *tofu fou* (*jeu de mots sur la vache folle*)
- to be on top of things: avoir les choses bien sous contrôle, réussir tout
- on top: au-dessus de (*conversation bien macho* !)
- myself: moi, moi-même
- standup comedy: spectacle (*one-man show*) comique
- upstanding: honnête
- Spoken like: parlé comme (*un vrai Français*)
- downtime: temps perdu par employé (*baisse de productivité*)
- what you call it: comment vous l'appelez
- young: jeune(s)
- well-traveled: quelqu'un qui a voyagé, qui est cultivé

Rémy: Well, we take *some* trips together. I mean, we try to stay **as close as possible** without **getting on each other's nerves**.
Jack: Do you **organize sporting events**?
Rémy: Yeah, sometimes. We have **football matches**, I mean, ***soccer games***.
Peter: Yeah, I like soccer. I prefer football though. American football.
Yuri: We started a **softball team** last year. And it really **worked out**. I mean, nobody knew how to play, so it really **brought everyone together**. Even people who **hated each other before,** started to work together!
Rémy: Well then, maybe I should start playing baseball with my **ex-wife**!

Laughter.

Stephen: You **play any sports** yourself? You **work out**?
Rémy: Yeah, I like Judo.
Jack: Oh, **martial arts** are great. They really **channel** your aggression.
Rémy: True. But right now I'd like to ***channel some food***.
Jack: Right, let's order. I'm starved.
Rémy: What's good here?
Jack: Well, the chicken is good. The salads are ok. And the sushi's **pretty decent**.
Rémy: **Maybe** I'll **go for** a salad.

They order.

Stephen: And what about women? You have **many** working for you?
Rémy: A **fair amount**.
Jack: And you find they're loyal? Productive? Or are they like the **chicks** on TV... *Eternally* ***dissatisfied***.
Rémy: **Some of** them are. But I don't **treat** them **any different** from the men; I think that's the **best policy**.
Stephen: Yeah. **Avoid** the **sexual tension**, right?
Rémy: **Not necessarily**. Just **take it in your stride**. I find Americans are too **hung up about** sex, they're not free enough.
Ernesto: Well, we don't have **too many** women in our office so it isn't a problem **yet**.
Peter: Oh, hey, I'm **going completely off the subject** here, but you want to go with us to a baseball game Saturday?
Rémy: I'm going already. With Jade.
Jack: Jade *Katt*? Wow. **Not bad,** Rémy. **Right off the bat**, huh! Jade! Wow, she's hot! And **smart**! Man, you Frenchies really are something.
Rémy: Well, it's why we're up there! **Early bird**! You know how it is!

VERBS

■ hang out: passez du temps ensemble
■ organize: organisez(-*vous*)
■ worked out: (*ça a*) bien marché, ça s'est bien passé
■ work out: faire du sport, de la gym, de la musculation
■ channel: canalisent
■ go for: choisir, avoir envie de, préferer
■ Treat: traiter
■ Avoid: éviter

VOCABULARY

● as close as possible: aussi proche que possible
● getting on each other's nerves: (*sans*) se taper sur les nerfs mutuellement
● sporting events: événements sportifs
● football matches: matchs de foot (GB)
● *soccer games*: matchs de foot (US)
● softball team: équipe de softball (softball: comme le baseball mais avec une balle différente)
● brought everyone together: uni tout le monde (to bring together: rassembler, unir)
● hated each other: se détestaient entre eux
● before: avant
● ex-wife: ex-femme
● play any sports: (*tu*) pratiques un sport
● martial arts: arts martiaux
● *channel some food: canaliser de la nourriture* (Rémy fait encore un jeu de mots. NB: ce type d'humour entre hommes d'affaires est très important dans le rapport des forces du 'business' américain)
● pretty decent: pas trop mal
● maybe: peut-être
● many: beaucoup de
● fair amount: un bon nombre
● chicks: nanas, gonzesses
● dissatisfied: insatisfaites
● Some of: qques-unes, certaines d'entre-elles
● any different: (*je ne les traite*) pas différemment (on devrait dire *differently*, mais l'anglais américain permet cette souplesse)
● best policy: la meilleure politique
● sexual tension: attirance sexuelle que l'on admet pas
● Not necessarily: pas nécessairement, pas forcément
● take it in your stride: accepter qqch, vivre avec
● hung up about: avoir des complexes par rapport à
● too many: trop de
● *yet*: ce n'est pas *encore* un problème, pas *pour l'instant*
● going completely off the subject: je change complètement de sujet
● Not bad: pas mal
● Right off the bat: comme ça ! tout de suite !
● smart: intelligente (US)
● Early bird: celui qui arrive le premier gagne (dicton: the early bird catches the worm: *l'oiseau qui arrive tôt aura le ver*)

JUST THE RIGHT GIFT

Rémy at a ***store*** *in the* ***Mall****.*

Rémy: Hi there. I'm **looking for** a **gift** for **someone**. Could you help me **pick something out**?
Lady: **Why**, sure, sir. What were you **thinking of**?
Rémy: Well, **that's just it**. I don't know.
Lady: Ah. Is it for a **lady friend**?
Rémy: Oh, she's a lady all right. But not a *friend* **quite yet**. It's **partly** why I need to give her something. To ***persuade*** her to become my friend.
Lady: (*smiling*) All right, sir. How about a **scarf**?
Rémy: No, too **common**.
Lady: **Jewellery**?
Rémy: Too **intimate**.
Lady: Not perfume either, I suppose.
Rémy: No, I like how she **smells**. I don't want to ***tell*** her how to smell.
Lady: Of course. And how about this?
Rémy: What *is* it?
Lady: A **brooch**. Decorative *and* modern. **Classy** and **unpretentious**. It's not ***really*** jewellery… but it *is* **in a way**.
Rémy: Hmm, not bad. It's sort of **antiquated** and charming isn't it? Yes. **Makes a statement**, especially for a smart modern woman like my *friend*.
Lady: She's a lucky woman!
Rémy: Oh yes, but she doesn't know it yet. She has no idea I'm going to **sweep her off her feet**!
Lady: **My, my**! She *is* lucky! And **I thought** romance **was dead**!
Rémy: No, you don't really **believe** that, do you? You **wouldn't sell** all these **beautiful things if you did**!
Lady: (*smiling*) I guess not, sir. Will that be all?
Rémy: Yes, thank you.
Lady: **Cash or charge**?
Rémy: Charge.

He signs the ***charge receipt****, the* ***saleswoman*** *returns his card and the gift.*

Lady: Here you go, sir. Have a nice day!
Rémy: You too! And thanks for your help.
Lady: My pleasure, sir.

VERBS

- looking for: cherche
- pick out: choisir
- thinking of: *à* quoi *vous* pensiez (think of: penser de, penser à)
- *persuade*: convaincre
- smells: sent
- *tell*: dire
- was dead: était mort
- believe: croire
- you wouldn't sell… *if* you did: vous ne vendriez… *si* vous y croyiez

VOCABULARY

- Just the Right Gift: juste le cadeau qu'il faut
- store: boutique, magasin
- Mall: centre commercial
- Someone: someone
- Something: quelque chose
- Why: et bien
- that's just it: justement
- lady friend: amie
- quite yet: pas tout à fait encore
- partly: en partie
- scarf: foulard
- common: commun
- Jewellery: bijoux
- intimate: intime
- brooch: broche (bijou)
- Classy: raffiné
- unpretentious: sans prétention
- *really*: vraiment
- in a way: d'une certaine manière
- antiquated: démodé, *vieux jeu*
- Makes a statement: dit bien les choses, met bien les choses au point
- sweep her off her feet: la séduire complètement
- My my: oh là là !
- I thought: et moi qui pensais que…
- beautiful things: belles choses, beaux objets
- Cash or charge: (*vous réglez*) en espèces ou par carte
- *charge receipt*: reçu de la carte (*de crédit*)
- *saleswoman*: vendeuse

STOPPED BY A COP

Rémy drives back without paying attention to what he's doing on the road. He suddenly ***becomes aware of*** *a* ***police car*** *in his* ***rear-view mirror****.* ***Pulls over****.*

Policeman: Good afternoon, sir.

Rémy: Good afternoon.

Policeman: Um, **be sure to keep** your **hands** on the **wheel where** I can see them, sir.

Rémy: No problem, **Officer**.

Policeman: Um, do you know you just **took an illegal turn** back there, sir?

Rémy: Uh no, I'm sorry. I'm from **out of town**...

Policeman: Your **license and registration** please, sir.

Rémy: Sure. Here you are, Officer.

Policeman: You from France, sir?

Rémy: That's right. **Says so** on the license.

Policeman: **No need to get cocky,** sir.

Rémy: No, you're right, Officer. I **apologize**.

Policeman: **I've heard** they have no **speed limits** in France, is that true?

Rémy: Oh no we do. The speed limits are just **higher** on the freeways.

Policeman: They have **highway patrol**?

Rémy: Well, *gendarmes*, sure.

Policeman: You here **on business,** sir?

Rémy: Yes, I work for a corporation **based in** the **Bay Area**, and I'm here for some meetings.

Policeman: You speak real good English, sir. **You lived here** before?

Rémy: Yes. I **used to live** in the Bay Area, went **to school** there.

Policeman: Uh-huh. Well, sir, everything looks **in order**. Um, **that wouldn't be** wine on your seat **now**, **would it**?

Rémy: Of course. Californian wine! My favorite!

Policeman: But you haven't drunk any have you? I don't need to do a ***breathalyser*** do I?

Rémy: Absolutely not, Officer. I'm a careful driver. That was just a **careless mistake** I made because I lost my way.

Policeman: All right sir, I'll **let it go** this time. But you take care; the next time I'll have to give you a **ticket** or a **citation**. And my colleagues may not **let you off as easily**.

Rémy: Believe me, I **appreciate** it, Officer. You have a nice day.

Policeman: You too! *Hasta la vista*...

Rémy: Uh, no, that's Spanish, Officer.

Policeman: Oh right. Well anyway, you drive carefully sir, and have a nice day!

VERBS

- Stopped: arrêté
- *becomes aware of*: prend conscience de, remarque
- *Pulls over*: s'arrête sur le bord de la route (he pulls over)
- keep: garder
- apologize: (*je*) m'excuse
- I've heard: j'ai entendu dire
- used to live: habitais
- appreciate: j'apprécie (aux US on dit souvent I appreciate it pour dire thank you)

EN SAVOIR PLUS

Aux États-Unis, les routes sont assez bien organisées, ce qui ne veut pas dire qu'elles sont entièrement sans danger. Ainsi dernièrement, plusieurs fusillades ont eu lieu sur les routes américaines, surtout dans les grandes villes, telles que Los Angeles. La densité de la circulation, le brouillard causé par la pollution (*smog*) semblent en être des causes notoires. Enfermés dans leurs voitures, agacés par la mauvaise qualité de l'air et par les embouteillages, les citoyens semblent exprimer leur colère en dirigeant leurs fusils les uns sur les autres. Ce type de comportement crée certes une ambiance très hollywoodienne sur la route, mais les flots de sang sont une sérieuse entrave à la sécurité routière.

VOCABULARY

- Cop: flic
- *police car:* voiture de police
- *rear-view mirror:* rétroviseur
- be sure to: n'oubliez pas de, assurez-vous de
- hands: mains
- wheel: volant
- where: où
- Officer: *monsieur l'agent*
- took an illegal turn: vous avez tourné alors que c'était interdit de tourner
- (from) out of town: (*je ne suis*) pas d'ici
- license and registration: permis et papiers de la voiture (*demande typique de la police aux US*)
- Says so: c'est ce qui est indiqué (*it says so…*)
- No need to: pas besoin de
- get cocky: faire le malin
- speed limits: limites de vitesse
- higher: plus élevé, plus haut
- on business: en voyage d'affaires
- based in: dont le siège est
- Bay Area: région autour de San Francisco
- You lived here: vous avez déjà vécu par ici (*have you lived…*)
- to school: (*être*) *à l'école* mais aussi *en fac* (medical school: fac de médecine)
- in order: (*tout est*) en ordre, tout va bien
- that wouldn't be: ce ne serait pas
- now: maintenant (*dites !*)
- would it: si ? (*voir fin des questions*)
- *breathalyser:* alcootest
- careless mistake: erreur idiote, d'inattention
- let it go: laisserai tomber
- let you off: vous laisser partir
- as easily: aussi facilement
- ticket, citation: PV (speeding ticket, parking ticket: PV's pour excès de vitesse et mauvais stationnement)

BASEBALL

The ***stadium****. Rémy* ***spots*** *Jade walking towards him in jeans and a* ***baseball jersey****. She is smiling, looking radiant and sexy.*

Rémy: Wow, you look fantastic in *anything*, **you know that**?
Jade: Oh, thank you! And flattery will get you **everywhere,** you know *that*?
Rémy: Oh **I sure hope** so! I'm **counting on** it…
Jade: Here's your ticket. I hope you're ready to **eat your way through** the **game**!
Rémy: Yeah, I know, hot-dogs pretzels and **frosties,** right?
Jade: You know it *all*, don't you?
Rémy: I try my best!

They go in. Find their ***seats*** *on the* ***bleachers****.*

Jade: I know the boys are here, too. Peter Jack and so on.
Rémy: Yeah, they **asked me to go** with them **in fact**.
Jade: Well, why didn't you? You **could have made** it a ***boys' day out***?
Rémy: Well why would I do that when I **could be sitting** here with you?
Jade: Oh well, you **could have caught up with** me here… That way **you'd have had the best of both worlds**.
Rémy: I already *have* the **best of *all* possible worlds**! Right here! Right *now*!
Jade (*laughing*): So you really don't like baseball, huh?
Rémy: No. I prefer soccer. I'm too *French*, I guess.
Jade: Why? You find baseball too **slow**?
Rémy: Oh, you've noticed, then, how **fast-paced** I am…
Jade: Yeah. But **that's why** I *like* baseball! It kind of **slows** me **down**, it's like meditation.
Rémy: Meditation? In a stadium **full of** people **shouting** and **selling junk food**, players **spitting** tobacco while they **pitch**, **bat**, **run** and **take hours** for **one single inning**. That **sounds** *really meditative*…!
Jade: (*smiling,* ***slapping*** *him on the* ***shoulder***) Hey, don't **mock** me! **You'll regret it**!
Rémy: Oh I sure hope so. (*pause*) So what are you doing for dinner tonight?
Jade: *Dinner*! **Jeez**, I'm going to be so full from *here* I won't *have* any dinner. I'll probably just **massage** my **overfull belly** and go **straight to bed**.
Rémy: Ooh, that sounds perfect. **Except** maybe you could sit with *me* in a fancy restaurant and *then* go straight to bed while *I* massage your belly…
Jade: (*laughs*) Well, let me meditate on that and get back to you!
Rémy: Oh, I'll be **waiting with bated breath**.
Jade: Well, don't **keep it bated** too long! I **wouldn't want to cause** a **heart attack**!

VERBS

- *spots*: apercevoir
- *counting* on: je compte là-dessus
- asked me to go: m'ont demandé d'aller, m'ont invité
- could have made: auriez pu en faire
- could be sitting: pourrais être (*assis*) ici
- could have caught up with: aurais pu me rattraper
- you'd have had: tu aurais eu
- slows … down: *me* ralentit
- shouting: criant
- selling: vendant
- spitting: crachant
- pitch: lancer la balle (*baseball*)
- bat: jouer la balle (*baseball et cricket*)
- run: courir
- sounds: ça me semble, me paraît
- *slapping*: tapant (to slap: *gifler*)
- mock: se moquer de
- regret: regretteras
- massage: masser
- wouldn't want to cause: ne voudrais pas causer

EN SAVOIR PLUS

Le sport occupe une place prépondérante dans l'esprit américain. Les Américains consacrent à l'assimilation des subtilités du sport professionnel une énergie intellectuelle considérable. Il serait tout à fait inconcevable, particulièrement pour un jeune homme, de ne pas se passionner pour le sport, comme tout *fan* digne de ce nom. Les rares exceptions à cette règle d'or, sont ce que l'on appelle les *nerds* ou ringards qui ont le mauvais goût de s'intéresser, quelle abomination, à l'art, la philosophie ou les mathématiques.

VOCABULARY

- *stadium*: stade
- *baseball jersey*: sweat de baseball (*corps en général gris ou blanc ; manches d'une couleur vive et longues ou aux trois quarts*)
- you know that: tu sais ça
- will get you every-*where:* te mènera partout (la véritable expression: flattery will get you nowhere: *la flatterie ne te mènera nulle part*)
- I sure hope: je l'espère *bien* (très US d'ajouter sure)
- eat your way through: manger pendant tout le *match*
- game: match, jeu
- frosties: glaces italiennes typiques vendues pendant les matchs de baseball
- *seats*: places (*aussi au théâtre, dans l'avion…*)
- *bleachers:* gradins (GB: stands)
- in fact: en fait, en réalité
- boys' day out: une sortie entre garçons (la véritable expr.: girls' night out: soirée entre filles)
- the best of both worlds: le meilleur des deux mondes
- best of all possible worlds: le meilleur des mondes
- slow: lent
- fast-paced: rapide
- that's why: c'est pourquoi
- full of: plein de, rempli de
- junk food: nourriture malsaine (junk: déchets, débris)
- take hours: prendre des heures
- one single inning: un seul inning (inning: chaque partie du match de baseball)
- *shoulder*: l'épaule
- You'll regret it: tu le regretteras
- Jeez: oh là là (Jeez: abbrév. et déformation de Jésus)
- overfull: trop rempli, *archi-plein*
- belly: bide (*estomac*)
- straight to bed: *direct* au lit
- Except: sauf que (except *that*; le that omis)
- waiting with bated breath: attendre avec impatience (litt: *attendre en retenant son souffle*)
- keep it bated: ne le retiens pas (*ton souffle*) trop longtemps
- heart attack: crise cardiaque

GAME OVER, PROBLEM AT THE HOTEL

Rémy is at the reception desk in the hotel lobby, his face ***pulled down*** *in a* ***sulk***.

Rémy: I tell you, I **left** it on my table this morning and now it's gone.

Receptionist: I'm sorry, sir, I'll inform **housekeeping** and security right away. What was it exactly? A **diary** of some sort?

Rémy: Yes, it's of no **value** to **anyone but me**. It's a small book where I **back up** all my appointments. And I also make notes in there. It's a very **personal thing**. It has no **market value**.

Receptionist: Is there anything else **missing,** sir?

Rémy: No, just that.

Receptionist: I'll have housekeeping contact you, sir. Would you like to **inform** Security, **just in case**? Or **register a complaint**?

Rémy: No, I told you, it's of no monetary value at all! It's not a **security issue**.

Receptionist: Well, are you sure there weren't any **checks** in it? Or **tickets** or money or documents of any kind?

Rémy: No, all the other stuff is **untouched**. This was *just a diary*. I think someone from house-keeping **must have put** it somewhere and **forgotten** about it! I just hope they haven't **thrown** it **away**!

Receptionist: Oh no, sir, I'm sure we'll find it.

Rémy: I hope so. **For your sake**. Could you find out who **cleaned** my room **this morning**?

Receptionist: Yes, sir, we'll find out who it was and get an explanation. I'm sure we'll…

Rémy: I don't want an *explanation*, I want the *diary*! It's a very old **frame**, it has purely sentimental value but a *lot* of sentimental value. I've had it **for years**! It's like a **good luck charm** to me!

Receptionist: I understand, sir. We'll do our best.

Rémy: Thank you. Please let me know **by tomorrow** if you've found it or not.

Receptionist: We will sir, we'll leave you a message.

Rémy: Or the *diary*… Preferably the diary.

Receptionist: Yes, sir. **Indeed,** sir.

Rémy: Thank you, I appreciate it.

Receptionist: **You're welcome,** sir.

VERBS

- *pulled down*: (*les traits*) tirés vers le bas (*de tristesse*)
- left: laissé (to leave)
- back up: faire une sauvegarde
- missing: qui manque
- inform: informer
- untouched: n'a pas été touché
- must have put: a dû mettre
- forgotten: oublié (must have put and must have forgotten: on omet le deuxième must have)
- thrown … away: jeter
- cleaned: nettoyé

VOCABULARY

- *sulk*: moue (to sulk: bouder)
- housekeeping: service de ménage
- diary: journal intime, agenda
- value: valeur
- anyone but me: personne d'autre que moi
- personal thing: objet personnel
- market value: valeur monétaire
- just in case: au cas où
- register a complaint: porter plainte, se plaindre formellement (aussi file / make a complaint)
- security issue: question qui concerne les services de sécurité
- checks: chèques
- tickets: billets
- For your sake: pour votre bien, en votre intérêt
- this morning: ce matin
- frame: cadre
- for years: depuis des années
- by tomorrow: avant demain
- Indeed: en effet
- You're welcome: je vous en prie

INVITATION TO DINNER

Rémy is in his room. He ***feels*** *a little* ***sick*** *after the hot-dogs and beer at the game. He has taken an* ***antacid*** *and lies in bed, watching TV,* ***flipping channels****. The phone rings.*

Rémy: (**bored**) Hello?

Voice: **Guess who**?

Rémy: *Jade*?

Jade: Yup.

Rémy: **What a nice surprise**!

Jade: I'm not **disturbing** you, I hope?

Rémy: No, not at all! It **turns out** *I'm* massaging *my* belly!

Jade: Oh no! Are you ok?

Rémy: Yeah, I'll **get over** it. Nothing **to worry about**. But what can I do for *you*?

Jade: Are you **taking anything for it**?

Rémy: Yeah, **mostly** I'm watching the **idiot box**. **Does wonders** for the tired **mind** and body. Puts me right to sleep, even cable tv. How about you?

Jade: Oh I'm fine…

Rémy: Yes, but you didn't drink all that beer. Oh god, just thinking about it makes me **ill**…

Jade: Oh no, well maybe some other time, then…

Rémy: What? Tell me!

Jade: Well, I don't know if **you're still up for** *dinner*…

Rémy: Of *course*! But maybe a little later, I mean, once I feel a little better.

Jade: Oh **that's fine by me**. I'm going to relax a little myself, maybe go for a swim, take a shower, a nap, maybe…

Rémy: Mm, sounds perfect. I feel better just hearing you *say* that.

Jade: (*laughing*) So, listen, I was wondering, um, it looks like it's going to be a **beautiful night out**, so instead of being **cooped up** in a restaurant downtown, why don't you **come over** to ***my*** **place** for dinner? We could have **something light**, sit by the pool… I have a great house near Half Moon Bay. You know where that is?

Rémy: Are you kidding? Of *course*. I'll be there! Tell me exactly where and when.

Jade: Well, how about **around** 9? Once you take the Half Moon Bay exit **off** Highway 101, just give me a call. I'll **direct** you over.

Rémy: No problem! Can I bring something?

Jade: No, nothing. Just those ***massaging hands*** you **promised**.

Rémy: Oh they're right here. They're ***listening***! And they're **warming up**!

Jade (*laughing*): All right, then, I'll see you later.

VERBS

- *feels*: se sent
- *bored*: ennuyé (to get bored, to be bored)
- disturbing: dérange
- turns out: (*il*) s'avère que
- get over: surmonter, se remettre de
- to worry about: rien de grave, pas la peine de s'en soucier
- you're still up for: t'es encore partant, t'as toujours envie de
- cooped up: enfermé
- come over: venir chez moi (over ajoute le sens: *chez* qqun)
- direct: t'indiquerai le chemin (to direct: diriger)
- promised: promis
- *listening*: écoutent
- warming up: s'échauffent (*a* warm-up: échauffement)

EN SAVOIR PLUS

Un nombre considérable d'Américains sont ce qu'on appelle des *couch potatoes* (*patates de canapé*). Les *couch potatoes* sont des sujets passant de longues heures à regarder la télé tout en pratiquant l'art consommé de la malbouffe (*snacks*). La CPA (*Couch Potatoes of America*) est une association dédiée exclusivement aux *Couch Potatoes*. Si les *Couch Potatoes* sont souvent gros, myopes et solitaires, ce ne sont pas pour autant tous des imbéciles. La plupart savent manipuler une télécommande d'une seule main, les autres se contentant de changer de chaîne en appuyant sur les bons boutons.

VOCABULARY

- *sick*: malade (US: to feel sick: se sentir mal ; GB: to be sick: vomir)
- *antacid*: médicament pour les problèmes gastriques passagers
- *flipping channels:* changer de chaînes, *zapper*
- Guess who: devine qui
- what a nice surprise: quelle belle surprise
- taking anything for it: tu te soignes
- mostly: surtout
- idiot box: télé (*téloche*) (litt: *boîte idiote/pour idiots* ; aussi boob tube)
- Does wonders: c'est parfait pour
- mind: l'esprit
- ill: malade (aussi sick (US))
- that's fine by me: ça me va parfaitement, ça me convient
- beautiful night out: il fait beau ce soir
- something light: qqch de léger
- around: autour de, vers
- off: en sortant de
- *massaging hands*: mains qui massent

DINNER

*Rémy on his **cell-phone**, **somewhere** off Highway 101.*

Rémy: Hi, it's Rémy.
Jade: Hey! Where are you?
Rémy: Just took the Halfmoon Bay exit.
Jade: Ok, right; so keep going until the **third** Exit. Then, **turn off** the **road** and take the **second** street on your left.
Rémy: Ok.
Jade: Are you **getting** all this?
Rémy: Yes, I have a **little machine recording** it all, and I'm not talking about my **brain**.
Jade (*laughing*): Ok. So once you take that, you take the **fourth** street on your right **which is** a **one-way street**. It's a **dead end** in fact, it sort of **curves** around. The **fifth** house on the left is **mine**. Number 12.
Rémy: Curves, one-way street, dead end. You're **turning me on**...
Jade: (*laughing*) *Are you listening to me?*
Rémy: Yes! So either I'll see you *soon* or I'll call again from *Canada!*
Jade: (*laughing*) Perfect! I look forward to it! I hear Canada is warm this time of year!

A little later.
*Rémy **rings** the **doorbell**. **Wipes** his feet on the **doormat**.*

Rémy: Hi!
Jade: You made it!
Rémy: Wow, this is **some house**! **Sure beats** my little **townhouse by the lake**.
Jade: Why thank you sir! ***Thank you kindly***!
Rémy: I mean seriously, you know, I *miss* this about the States. The space, the **ranch-house** architecture. You just can't *have* a house like this in France. Everything's too *French*.
Jade: Oh, but that's wonderful! Everyone here *wants* a **French-style** house!
Rémy: Uh-huh. And a French-style **maid** with a **French-style kiss**!
Jade (*giggling*): **Wishful thinking**.
Rémy: Yes well, **you know what they say** about **the grass being greener**...
Jade: Well, **come on in**. **Make yourself comfortable**. You want to sit outside?
Rémy: Sure. (*walking onto the patio*) **You were right** about the weather! **It *is*** a beautiful night.
Jade: I'm always right.
Rémy: ***That* I have no trouble believing**!
Jade: (*smiling*) I thought I'd grill some vegetables and things. I also have some sushi.
Rémy: Hmm. Sounds **delightful**. Wow, what a view!
Jade: Yeah, that's a little town down there. And out there of course is the Bay.
Rémy: Not *that* view, I mean you! You look ravishing!

Jade (*giggles*): **Oh behave**! You can **take your shoes off if you like**.
Rémy: Are those the **house rules**? No **outdoor** shoes by the pool?
Jade: Absolutely. No outdoor shoes but a decent shirt and tie.
Rémy: Oh well then, I've **got it all wrong**!
Jade: (*laughing*) What can I get you to drink?
Rémy: Oh just **some sparkling water** please, I think I've had my share of alcohol for today!

VERBS

- getting: (*tu*) notes (to get: noter, *piger*, capter)
- recording: (*qui*) enregistre
- curves: tourne, vire (curve: courbe)
- turning me on: tu m'excites (*sexuel*) (*argot*)
- *rings*: sonne, faire sonner
- *Wipes*: essuie
- It *is*: *en effet, c'est vrai qu*'il fait beau (l'accent sur *is* donne ce sens)
- take … off: enlever, retirer

VOCABULARY

- *cell-phone*: téléphone cellulaire, portable, mobile (aussi mobile phone)
- *somewhere*: quelque part
- second, third, fourth, fifth: deuxième, troisième, quatrième, cinquième
- turn off: sors de (off: préposition pour *sortir de, quitter, partir dans l'autre sens*)
- road: rue, route
- little machine: petite machine (aussi *small* machine)
- brain: cerveau
- which is: qui est
- one-way street: (*rue à*) sens unique
- dead end: voie sans issue
- mine: à moi, la mienne
- *doorbell*: sonnette
- *doormat*: paillasson
- some house: ça, c'est une maison ! quelle maison !
- Sure beats: bat de loin, totalement
- townhouse: maison de ville, à deux étages, mitoyenne
- by the lake: au bord du lac (by ici: à côté de, au bord de)
- *Thank you kindly*: merci bien (*expr. idiom*. du sud des US)
- ranch-house: maison à un seul niveau, typiquement américaine
- French-style: dans le style français
- maid: bonne (une)
- French-style kiss: Rémy fait un jeu de mots (French kiss: patin ; *rouler une pelle*…)
- Wishful thinking: on peut toujours rêver !
- you know what they say: tu sais ce qu'on dit
- the grass being greener: l'herbe qui est plus verte… (Rémy fait allusion au dicton: the grass is always greener on the other side: l'herbe est toujours plus verte en face: *on veut toujours ce qu'on n'a pas*)
- come on in: allez, entre !
- Make yourself comfortable: fais comme chez toi (mets-toi à l'aise)
- You were right: tu avais raison (to be right: avoir raison)
- *That* I have no trouble believing: *ça*, j'ai pas de mal à le croire (to have trouble: avoir du mal)
- delightful: charmant
- *Oh behave*: un peu de retenue, svp !
- your shoes: tes chaussures
- house rules: règles de la maison, de l'établissement
- if you like: si tu veux
- got it all wrong: (*j'ai*) tout faux (to get something wrong: se tromper)
- some sparkling water: de l'eau pétillante (voir some, a few…)

DINNER SOME MORE

Rémy and Jade are **outside**, *on Jade's patio.*

Rémy: (**leaning back** *in a* **deckchair**) Ah. This is paradise!
Jade: Why, thank you!
Rémy: That was delicious. **Lightly spiced** grilled fish, mediterranean vegetables. Mmm. And that small **bite-size** sushi… You *are* an artist!
Jade: Oh, I try. I try!
Rémy: No, *I* try! You **succeed**!
Jade: (*laughing*) Do you **cook**?
Rémy: Well! I **most certainly** try! I can make **a *few* things**. But for **everyday cooking** I have someone to help me.
Jade: Oh, so do I. It's much harder to cook **on a daily basis**.
Rémy: Right. (*pause*) So how long have you lived in this area?
Jade: Oh, not very long. But it's great. I **go biking** in the hills, I **go running**, I even **go riding** sometimes. And there's an **organic farmer's market** close by. It's perfect.
Rémy: Interesting list of priorities**!**

Jade chuckles.

Rémy: Did you **grow up** here?
Jade: No. I grew up in Chicago… My family **moved** out here when I was in **high-school**.
Rémy: But you seem so Californian…
Jade: Yeah, everyone says that. I guess I fit the stereotype in a way.
Rémy: And **what kind of name is** *Katt*?
Jade: What do you *mean*, *what kind of name is Katt*?
Rémy: Oh sorry, I didn't **mean to be rude**, I just…
Jade: I'm joking. (*laughs*) My personal theory is it's Jewish. Katz, Katzenberg, even *Katzovsky* maybe… But that my ancestors got so afraid of the Puritans, they **converted** and changed their name to Katt.
Rémy: Really?
Jade: (*laughing*) No. That's only my *theory*. I have no idea, really. Do you want to go **inside**? **It's getting** kind of **chilly** out here.

They get up and go inside. Jade **closes** *the* **patio doors** *and* **switches on** *the* **house alarm**.

Rémy: This is **cozier**.
Jade: So you enjoying your stay?
Rémy: Oh! I **have a hard time remembering** I'm here to *work*!
Jade: Well don't *forget*! Your job **might hang in the balance**!
Rémy: Oh, I don't think so. Not unless those financial folks are **nuts**!
Jade: But **let's not talk business**.

Rémy: No, you're right.... Um so, you **seeing anyone**?
Jade: (*guffawing*) Well! Going straight to the point again, huh?
Rémy: Well?
Jade: No. I'm not looking for anything major...
You know. No big attachments. I like my **freedom**.
Rémy: Oh, right. Well, that's...
Jade: You?
Rémy: Oh **the same**, *exactly* the same.

They move closer.

Jade: By the way, I didn't ask
if you wanted dessert?
Rémy: Oh, this will be just fine.

They kiss. Things get ***close*** *and hot.*

Jade: Oh wait. I'll be right back.

She ***comes back*** *with a* ***round tray*** *with* ***what looks like candy*** *in it.*

Rémy: What's that?
Jade: *Condoms*! **Pick** a **flavor**!

VERBS

- *leaning back*: s'adossant (to lean: se reposer sur, contre)
- succeed: (*toi, tu*) réussis
- cook: cuisiner
- go biking: fais du vélo
- go running: fais de la course à pied
- go riding: fais du cheval
- grow up: grandi (to grow: grandir, pousser, augmenter, croître)
- moved: déménagé (to move, move out: déménager; move in: emménager)
- mean to be: voulu être (to mean: vouloir dire/être, avoir l'intention de)
- converted: se sont convertis
- It's getting: ça devient, il commence à faire (*froid*)
- *closes*: ferme
- *switches on*: allume
- might: pourrait
- let's not: ne *parlons* pas (de)
- *comes back*: revient
- Pick: choisis ! (to pick: choisir, cueillir)

VOCABULARY

- *outside*: dehors, à l'extérieur
- *deckchair*: chaise longue
- Lightly spiced: légèrement épicé
- bite-size: (*de la taille d'*) une bouchée
- most certainly: j'essaie, c'est sûr que (*j'essaie*)
- *a few* things: certaines choses
- everyday cooking: la cuisine de tous les jours
- on a daily basis: tous les jours, de façon quotidienne
- organic: biologique (*agriculture*)
- farmer's market: marché où les agriculteurs vendent leurs propres produits
- high-school: lycée
- what kind of name is: c'est quoi comme nom
- rude: impoli, rustre
- inside: à l'intérieur
- chilly: frais, *frisquet*
- *patio doors*: porte-fenêtres coulissantes
- *house alarm*: l'alarme de la maison
- cozier: plus intime, chaleureux
- have a hard time remembering: *j'ai* du mal à me dire, à me souvenir
- hang in the balance: (*pourrait*) en dépendre
- nuts: fou, *dingue* (*argot*)
- talk business: parler boulot, affaires
- seeing anyone: tu as un petit-ami (to see someone: sortir avec qqun, avoir un(e) petit(e) ami(e); *expr. idiom.*)
- freedom: liberté
- the same: pareillement, c'est pareil, c'est la même chose
- *close*: proche, intime
- *round tray*: plateau rond
- *what looks like candy*: ce qui ressemble à des bonbons
- flavor: parfum, arôme

THE GREAT OUTDOORS

Rémy and Jade are in a ***camping-goods store****, buying* ***supplies*** *for their* ***upcoming*** *trip to Yosemite National Park.*

Rémy: Do we need **kayaking gear**?

Jade: Only if you want to kayak **all the way** to France. I mean, you can **rent** that…

Rémy: Right. *You're* the expert, *you* tell me what we need.

Jade: (*laughing*, ***nudging*** *him*) Well, you need **hiking boots** and **warm socks**. And **long johns**. I have friends who are going **rock-climbing**, d'you like that?

Rémy: Tried it only once. I'm not very good at vertical surfaces.

Jade: Oh, you'll **get the hang of it**.

Rémy: Precisely, I'll **hang** and **break** my *legs*!

Jade: Which usually **does the trick!**

Rémy: *(Changing the subject)* You have everything *else* we need?

Jade: I have **tents, sleeping bags, hammers, picks**, **pick-axes**, **inflatable mattresses**, **camping chairs**, **cups, bowls**, a **camping stove** and a small table…

Rémy: How about ***camels*** to ***carry*** all that?

Jade: No, but I do have **pretty young porter boys**…

Rémy: Right. And are we renting a car?

Jade: Oh, a **van** would be perfect. An **RV**. D'you know how to **pitch** a tent?

Rémy: Not really, **it's been a while**.

Jade: What about **fishing**, **hunting**? You know which fish are **edible**?

Rémy: Are you serious? I've **fished** giant salmon in Canada! But hunting…

Jade: I'm kidding, you can't hunt up there anyway… So we'll need plenty of **canned food**. You know, caviar, **roast duck**, **caesar's salad**…

Rémy: Right. And don't forget *champagne*… What about **white-water rafting**? Are there any **rapids** up there?

Jade: Oh, you *like* **water sports** don't you?

Rémy: *Yes*… Because if you **win**, you **get to mess with** the **mermaids**.

Jade: (*laughing*): Well, then, we should go down to the beach **some time**.

Rémy: You have **maps**? A **compass**? Are there **signs** up there?

Jade: Hey, we're only going to *Yosemite* Rémy! Not *Antarctica*!

Rémy: Sure. But I'm kind of nervous. I mean, I don't want to get ***raped*** or **killed**, you know? **Like in the movies?*** I've never *been* camping in America. I've only done it in Europe and everything's small and **idiot-proof** there.

Jade: Well, **never fear: Jade is here**!

Rémy: Oh, I **feel** *completely* **safe** with you! You **wear the pants** in this **outfit**, **no doubt there**!

VERBS

- rent: louer (US) (GB: to *hire*)
- *nudging*: (*donner*) un coup de coude
- hang: (*je me*) pendrai, suspendrai
- break: casserai
- does the trick: c'est parfois ce qu'il faut (to do the trick: faire marcher)
- carry: porter
- pitch: monter une tente
- fished: pêché (to go fishing)
- mess with: jouer avec, *déconner* (*argot*)
- win: (*si tu*) gagnes
- get to: tu peux (to get to do something: avoir l'occasion de / arriver à *faire qqch*)
- *raped*: violé
- killed: tué
- feel safe: me sens en sécurité

VOCABULARY

- The Great Outdoors: le grand air, la nature
- *camping-goods store*: boutique de produits pour le *camping*
- *supplies*: provisions
- *upcoming*: à venir
- kayaking: faire du kayak
- gear: matériel, équipement
- all the way: jusqu'à (litt: *tout le chemin*)
- hiking boots: chaussures de montagne, de randonnée
- warm socks: chaussettes chaudes
- long johns: sous-vêtements chauds
- rock-climbing: escalade, varappe
- get the hang of: t'y arriveras à force (to get the hang of: arriver à maîtriser qqch)
- tents: tentes
- sleeping bags: sacs de couchage
- hammers: marteaux
- picks: pics (*de tentes*)
- pick-axes: pioche
- inflatable mattresses: matelas gonflables
- camping chairs: chaises de camping
- cups: tasses
- bowls: bols
- *camels*: chameaux
- pretty young porter boys: de beaux jeunes porteurs (NB: pretty pour les filles; handsome pour les hommes; pretty pour les hommes = connotation *hommes-objets*)
- camping stove: gaz de camping
- van: monospace, camionette
- RV: caravane, *camping-car* (RV: recreational vehicle)
- it's been a while: ça fait un petit moment (*que je ne l'ai pas fait*)
- fishing: la pêche
- hunting: la chasse
- edible: comestible
- canned food: boîtes de conserves
- roast duck: rôti de canard
- caesar's salad: salade césar
- white-water rafting: le rafting (white water: *l'écume* des rapides)
- rapids: les rapides
- water sports: sports aquatiques
- mermaids: sirènes
- some time: un de ces jours
- maps: cartes, plans
- compass: boussole
- signs: panneaux, signalisations, balises
- Like in the movies: comme au cinéma
- *: Rémy fait allusion au film *Deliverance* de John Boorman: quatre amis partent faire du camping et *tout se dégrade*...
- idiot-proof: que même un idiot comprendrait (*fireproof*: ignifuge; *waterproof*: étanche)
- never fear, Jade is here: n'aie pas peur, Jade est là (*expr. idiom.*)
- wear the pants: c'est toi l'homme (*du couple*) (to wear the pants in a couple: être l'homme du couple; litt: *porter les pantalons*; *expr. idiom.*)
- outfit: groupe (aussi *ensemble*)
- no doubt there: pas de doute là-dessus

EN SAVOIR PLUS

Les Américains aiment à penser qu'ils sont un peuple d'aventure et de *grands espaces*. L'expression *great outdoors* décrit des espaces naturels se distinguant par leur grande beauté et leur éloignement des grands centres urbains. La majeure partie des Américains cherche à se procurer une bonne dose de *great outdoors* le weekend ou durant les congés. Les parcs nationaux américains attirent d'innombrables campeurs et randonneurs mais certains préfèrent le *rafting*, la pêche ou le tir à la carabine, de préférence sur de petits animaux. Les films américains, tels que *Deliverance* évoquent l'exaltation de ces *great outdoors*.

RÉSUMÉ DE GRAMMAIRE 2

Must
Devoir : l'obligation de faire / probablement
I must go to work today : *il faut que j'aille* au travail aujourd'hui.
She must know the address : elle *doit connaître* l'adresse.

Conditional: Would
Conditionnel.
I would go if I wanted to : *j'irais* si j'en avais envie.

Could
Conditionnel du verbe *pouvoir* (can – to be able to); se place avant le verbe.
I could watch a movie tonight : je *pourrais* regarder un film ce soir.

Future: Shall/will
Shall + verbe : forme archaique du futur (I *shall* go)
Will + verbe : aujourd'hui forme du futur… (I will go: j'irai)

Négation de verbes
Se fait en ajoutant to do et not.

Simple present
I know : je sais
Devient : I *do not* know (I *don't* know).
Sauf pour to be :
I am : I am *not* (*I'm* not).

Simple past
I went out : Je suis sortie.
Devient : I *did not* go out (I *didn't* go out).
Pour les autres temps (past perfect, future, conditional, etc.) on ajoute simplement *not*.

Let, let's
Impératif à la deuxième personne du singulier ; *laisse moi* faire…
Let me see : fais voir (*laisse-moi* voir).
Let's live together : vivons ensemble.
Let's not eat here : ne mangeons pas ici.
Let me go ! : laisse-moi (*partir*) !

Future Continuous
Une action continue dans le futur ; une action qui se prolonge dans le temps (*voyager, regarder un film, lire un livre, travailler*)…
I will be leaving tomorrow : je partirai demain.
I'll be staying at the Ritz : je logerai au Ritz.

Have to
Devoir : l'obligation de faire
I have to sell my house : je dois (*suis obligé de*) vendre ma maison.

Should
Conditionnel de shall. Comme *devoir* au conditionnel.
I should get my license : je *devrais* passer mon permis.
I should be careful if I were you : si j'étais toi, je *ferais* attention.

May/might
Conditionnel de *pouvoir*. Might ancien subjonctif de *pouvoir*.
I may come to the party : je pourrais (*très bien*) venir à la fête.
I might be staying at the Ritz : je serai (*éventuellement*) au Ritz.
Aussi dans une question :
May I use the bathroom? : je peux aller aux toilettes ?

Passive voice
Comme en français…
Formé par le verbe to be + participe passé.
Ex: She *was called* at five in the morning : elle *a été* appelée à cinq heures du matin.
The train *was delayed*: le train a été retardé.
Ou alors dans des cas où on *l'éviterait* en français.
This *is called* a Waldorf salad: ceci *s'appelle* une *salade Waldorf*.
How *is* that *done*: comment *fait-on* cela?
You *will be talked about* : *on parlera* de toi.

You *will be remembered* : *on se souviendra* de toi.
Your room *is being cleaned*: votre chambre est *en train d'être* nettoyée.
He *is being spoken to*: *on* lui parle.
She *was shown to* her room : *on* lui a montré sa chambre.
It's all *taken care of* : *on* s'est occupé de tout.

● Terminaisons de questions

N'est-ce pas?
On inverse l'ordre du sujet + verbe de la question et on remplace le négatif par le positif et *vice et versa*.
Ex:You live in Paris, *don't you?* : tu habites à Paris, *non* ?
Ex. 2 :You don't smoke, *do you?* : tu ne fumes pas, *si* ?

● Adverbs : -ly

Comme le *–ment* en français, suffixe pour adjectifs…
Slow: slow*ly* : lente*ment*
Exact: exact*ly* : exacte*ment*
Ne marche pas pour *tous* les adjectifs…

● As (…) as

As big as : aussi grand que
As long as : aussi longtemps que, tant que
As soon as : dès que

● If

Identique au français *si*.
If you leave now, you'll miss the movie : si tu pars maintenant, tu rateras le film.
If I had a license I would drive : si j'avais un permis, je conduirais.
Ou alors le discours indirect.
He asked me if I would do it: il m'a demandé si je le ferais.

● Right

Right : très bien ; à droite
Right now: immédiatement
Right here : ici-même
Right away : tout de suite
Right (to be) : avoir raison
All right : très bien, d'accord
That's right : c'est vrai

● All

All : tout(s)
That's all : c'est tout
(Not) at all : (pas) du tout
After all : après tout
All day/week : toute la journée/semaine
All-new : tout neuf
That's all I can do : c'est tout ce que je peux faire.

● Nobody/no one/nothing: personne, rien

Ne prend pas de double négation.
I know no one here : je *ne* connais personne.
I have nothing on me : je n'ai rien sur moi.

● Too/also/as well: aussi

Also en général pour une liste.
Too pour s'ajouter à une liste ou exprimer la réciprocité.
As well, plus inhabituel, synonyme des deux premiers.
Je t'aime *aussi* : I love you too.
Moi aussi, je prendrai du fromage : I'll have some cheese too/as well.
Je prendrai *aussi* de la salade à côté : I'll also have some salad on the side.

CAR TROUBLE

Early *morning. Rémy and Jade leave in a rented car.*

Rémy: **What the hell**...
Jade: What? What's the problem?
Rémy: I don't know. I can't seem to... ***Damn it***! Look at the **speedometer**!
Jade: What? **What's the matter**?
Rémy: I can't... ***accelerate***...

BOOM!

Jade: (***startled***) **WHAT ON EARTH** WAS THAT!
Rémy: I DON'T KNOW! DO I LOOK LIKE A MECHANIC TO YOU!
Jade: No! But I'm glad you took a car that ***works***!
Rémy: And you wanted a ***wreck***!
Jade: Hey! Don't **blame** me!
Rémy: I'm not... Anyway, **I'd better get off** the road.
Jade: So what do we do *now*?
Rémy: **You're asking me**? You're the native Californian here...
Jade: Yeah, but you *rented* the car! Don't they have a **maintenance contract** or something!
Rémy: Yes, ma'am! **Give me a second**...

He checks. Calls.

Rémy: Hello? Yes... My car's **giving me trouble**... What? Uh, I'm **parked** somewhere off the highway, and the accelerator won't **budge**... *Huh*? Somewhere on the way to Yosemite. Yes. Can you give us a **replacement? *Sorry***? *How* long? Oh no. That's *ridiculous*! (*pause*)I should ***sue*** you guys for this! (*long pause*) YES! ALL RIGHT! WE'LL WAIT!

They ***roll*** *into a garage. An* ***unpromising*** *silence* ***reigns*** *between them.*

Rémy: Hi there. I need you to take a look at this car? The rental car company's going to replace it, but I want you to take a look at it just in case.
Mechanic: What's the problem?
Rémy: Well, **you tell *me***! The accelerator won't work, the speedometer just **collapsed**, and **lord knows** what else is wrong. The **dashboard's a disaster**!
Mechanic: Well, let me take a look at the contract, sir. It may be... Aha! Just as I thought, the car's **due for** a **tune-up**.
Rémy: *What? You don't mean*...
Jade: He does. He means you can *sue the company right away*.
Mechanic: **Yup**. If the accelerator's giving you trouble, it just **ain't safe** to drive out with it.
Rémy: **Couldn't it be** just the **oil** and **air pressure** or something? Can't you **jump-start** the thing? Wouldn't that be enough?
Mechanic: I'd like to say yes, sir, but...

Rémy: (*impatiently, at the* **cash register**) Well, ok, thank you. We'll take this candy and wait for the other car please.
Mechanic: **Please yourselves,** sir!

VERBS

- *accelerate*: accélérer
- *startled*: étonné (to get startled: sursauter)
- *works*: qui marche
- blame: blâmer
- get off: sortir de
- parked: garé (to park: garer, stationner)
- budge: bouger
- sue: attaquer en justice
- *roll*: rouler
- *reigns*: règne
- collapsed: s'est écroulé (to collapse: s'écrouler, s'affaisser)
- ain't: n'est pas (*argot* et *idiom.*: is not = ain't)
- Couldn't it be: ça ne pourrait pas être… ?
- jump-start: démarrer une voiture avec des câbles

VOCABULARY

- Car Trouble: ennuis avec la voiture
- *Early*: tôt
- What the hell…: c'est quoi ça, *merde*… (voir what the …)
- *Damn* it: Merde !
- speedometer: compteur de vitesse
- What's the matter: qu'est-ce qui se passe
- WHAT ON EARTH: c'était quoi ça, *Bon Dieu* ? (voir what the …)
- *wreck*: épave
- I'd better: je ferais mieux de (voir I had better…)
- You're asking me: c'est à moi que tu le demandes ?
- maintenance contract: contrat d'entretien
- Give me a second: juste une second, svp
- giving me trouble: me cause des ennuis
- replacement: (*voiture de*) remplacement
- *Sorry*: pardon ?
- *unpromising*: pas prometteur
- you tell *me*: à vous de me le dire
- lord knows: Dieu sait
- dashboard: tableau de bord
- a disaster: catastrophe
- due for: est prêt à (*il est temps que* la voiture passe en révision)
- tune-up: révision, mise au point
- safe: sûr, en sécurité (it is not safe to: c'est déconseillé *pour des raisons de sécurité* de)
- oil: huile
- air pressure: pression de gonflage (*pneus*)
- *cash register:* caisse (*de magasin*)
- Please yourselves: comme vous voudrez (to please oneself: se contenter)

EN SAVOIR PLUS

La *highway* (autoroute) occupe une place toute particulière dans l'imaginaire américain. La *highway* représente la liberté, l'aventure, la révolte. Les *road movies* de Hollywood sont autant de célébrations des périls et de l'exaltation associés à la vie sur la *highway*. Ceci étant dit, le système des autoroutes américaines est un des mieux organisés et des plus sûrs au monde. Seul pourrait s'y perdre un mariolle narcoleptique… Malheureusement, les autoroutes américaines en pullulent…

MEETING JADE'S PARENTS

Jade: (*on the phone*) Hello? *Dad*? Hi, it's Jade… (*pause*) Yeah, well, we were **on our way**, but the car **broke down**. So we're **stuck**… And since we're **not too far from you guys**, I **thought maybe** we could **come over**?
Father: Sure, **honey**. I'll come and **pick you up**.

Jade ***hangs up***.

Jade: All right, **they're on their way**. We have **four hours to kill**, it's perfect.
Rémy: Right…
Jade: Are you ok? (*she looks at him* ***up close***) You're not **upset**, *are* you?
Rémy: No, I'm **delirious with joy**.
Jade: Oh **come on**! **Look at the bright side**! You **get to meet** my parents! They're great! You'll **get a real kick out of them**!

Later. A ***white-haired dignified*** *couple* ***gets out of*** *a* ***wagon*** *and approaches.*

Jade: Hey, Daddy!
Father: Hi, **darling**!
Mother: Hi, **sweetheart**…

They ***hug***.

Father: (*shaking hands with Rémy*) Hi, I'm Henry. And this is Jade's mother, June.
June: Hello.
Rémy: (*a little* ***tense***) Hi, I'm…
Father: *We know*.
Rémy: Oh! Really! *Ok*.
June: It's so nice to meet you **at last**!
Rémy: Indeed, *well*…

Later. At the Katt ***residence***.

Father: So how do you like your **stay** so far, Rémy?
Rémy: Oh, it's nice. A little **stressful at times**, I have to admit.
June: I have to say your English is **incredibly fluent**, it's **really quite impressive**. ***We'd* always heard the French didn't** ***like*** to speak English.
Rémy: Well, that's all changing now. America's *invading* France!
Father: Oh, **what a shame**. And it's not *our* America either!
Rémy: What do you mean?
June: Well, **it's hardly** the America of its poets, writers and artists, is it, Rémy! It's the America of **consumerism**! Vulgar **pointless** consumerism!
Rémy: Well, in a sense, it's the America your daughter and I work for.
Father: We *know*!

VERBS

■ broke down: est tombée en panne
■ stuck: bloqués, coincés (to stick: coller)
■ come over: venir chez *vous* (over ajoute le sens: *chez qqun*)
■ pick you up: (*viendrai*) vous chercher
■ *hangs up:* raccroche
■ get to meet: auras l'occasion de rencontrer
■ *gets out of*: sort de
■ *hug*: se serrent dans les bras (a hug: une étreinte)
■ stay: séjour (to stay: rester, loger, séjourner)

VOCABULARY

● on our way: on était parti, sur le chemin
● since: puisque
● not too far from: pas trop loin de (guys: se dit aussi aux parents)
● I thought maybe: je me suis dit (*que*) peut-être…
● Honey: chérie (se dit aux femmes et aux hommes)
● they're on their way: ils arrivent
● four hours to kill: quatre heures à passer
● *up close*: de très près
● upset: blessé, offensé
● delirious with joy: fou de joie
● come on: allez !
● Look at the bright side: regarde le côté positif (*de la chose*)
● get a real kick out of them: tu les adoreras (to get a kick out of: aimer, adorer)
● *white-haired*: aux cheveux blancs
● *dignified*: digne
● *wagon*: break (abbrév. de station-wagon)
● darling: chéri(e)
● sweetheart: chéri(e)
● *tense*: tendu
● at last: enfin
● stressful: stressant
● at times: des fois, parfois
● incredibly: incroyablement
● fluent: couramment (to be fluent in French: parler couramment le français)
● really quite: vraiment très (quite dit *avec force* comme ça signifie *vraiment*)
● impressive: impressionnant (*étonnant*)
● *We'd always heard the French didn't*: nous, on nous a toujours dit que les Français n'aimaient pas… (we had = we'd)(we had heard: *pluperfect*)
● what a shame: quel dommage, quelle honte
● it's hardly: ce n'est pas vraiment
● consumerism: consumérisme
● pointless: inutile, sans raison

EN SAVOIR PLUS

Les intellectuels français se plaignent souvent de l'invasion culturelle américaine en France. Il est toutefois un domaine où la tendance est renversée. Depuis quelques années, en effet, on assiste à une véritable vague déferlante de philosophie française dans les universités américaines. Des penseurs, tels que Jacques Derrida et Michel Foucault y ont fait des milliers d'adeptes. Le *déconstructionisme* de Derrida, notamment, suscite énormément d'enthousiasme. On peut dès lors en conclure que la masturbation intellectuelle à la française fait désormais partie intégrante de la vie universitaire américaine.

Rémy: Ah! I've **put my foot in it**, haven't I?

They laugh.

Jade: No. My parents don't agree with what I do, but we agree on principle. **Besides**, they aren't going to kill me for my choices!

Rémy: Well, **that's a relief**!

Henry: We just think America has many different faces! **Sure**, there are the corporations, but there are also film-makers, writers, sculptors, farmers, people who have something to *say*, who don't **get as much press** as the rockstars and **movie-stars** maybe, but who *exist*... But nobody has time for **good honest** living **nowadays**, everything's **got to be instant**, fast, junk!

June: **Junk food**, junk life, junk everything!

Rémy: Yeah, well, **life in the fast lane**, **tell me about it**!

Jade: My parents resist the world **in their small way**! They're rebels!

Rémy: Oh?

Jade: Well, just look out there. That's their **vegetable patch**, their fruit trees; there are **pears, apples, oranges, cherries**... They even grow tomatoes, **beans** and **potatoes**, **you name it**, and it's all organic.

Rémy: D'you sell any of it?

Henry: (*laughs*) No, but I **trade** it **down by the creek** sometimes.

Rémy: (*laughing*) You sound like a **Native American**!

Henry: Well, I *feel* like one sometimes! Defending the last frontier against the **urban cowboys all set to destroy** us! (*laughs* ***again***)

June: All right, enough talk! Rémy, can we get you something to eat or drink?

Rémy: Oh yes, **I'm starved**.

Jade: (*laughs*) What did I tell you? Rémy **doesn't suffer from** that **fussy** French formality.

June: Well, I'm **glad**. **What'll it be**, Rémy? A sandwich with beer? A **slice** of pie with wine? Cake and coffee? What?

Rémy: Wow, that certainly sounds **wholesome**. Well, maybe a sandwich and beer ***followed* by** cake and coffee! **If that's not too much trouble**!

June: Now **see what you've done,** Jade! You've made him feel **awkward**!

Rémy: Nice weather we're having. Is it always this **pleasant** up here?

Henry: Pretty much. The weather's pretty **even** all year round. It gets a little cold in the winter, but nothing terrible!

Rémy: And what do *you* do, Henry?

Henry: Oh, I'm a writer. And June is a painter. We make our living printing **handmade** cards out of paper we make **ourselves**.

Rémy: Ah! And **do they sell**?

Henry: We're **fortunate**. They do.

Rémy: Aha! So you **criticize** the consumerist system but you *use* it.

Henry: (*laughs*) I knew you'd **say** that. No, we don't *use* the *consumerist* system. We sell very few cards. Consumerism would mean machines printing our cards **by the millions**.

No. Besides, if the system **allowed** us to live without selling things, that would be perfect. But you need money to **survive**! **All we're saying** is that money need not be the **be-all and end-all** of our lives! **There's more to life than** *money*.

Jade: (*slipping her hand on Rémy's* **bottom**) **Hear, hear**!

VERBS

- got to be: (*ça*) doit être
- trade: faire du troc (to trade: vendre et acheter, troquer, échanger)
- destroy: détruire
- I'm starved: je crève de faim
- suffer: souffre
- followed by: suivi de
- criticize: critiquez
- say: diriez
- allowed: permis
- survive: survivre

VOCABULARY

- put my foot in it: j'ai fait une gaffe
- Besides: d'ailleurs, par ailleurs
- that's a relief: bien heureusement ! (litt: *quel soulagement*)
- Sure: bien sûr
- get as much press: on n'en parle pas autant dans la presse
- movie-stars: vedettes de cinéma
- good honest: la vraie vie (*naturelle*)
- nowadays: de nos jours
- instant: instantané
- life in the fast lane: la vie moderne, rapide (*la vie du jet-set…*) (*expr. idiom.*)
- tell me about it: à qui le dites-vous
- in their small way: de leur façon à eux
- vegetable patch: jardin potager (vegetable garden)
- pears: poires
- apples: pommes
- cherries: cerises
- beans: haricots
- potatoes: pommes de terre
- you name it: tout ce que tu veux, tout est là
- down by the creek: en bas, vers le crique (down by: connotation: 'an aval', 'au sud', 'en bas')
- Native American: *indien d'Amérique*, Amérindien
- all set to: prêts à
- *again*: encore, de nouveau
- doesn't suffer from: ne souffre pas de
- fussy: difficile à plaire, snob, *précieux*
- glad: contente
- What'll it be: qu'est-ce que ce sera, qu'est-ce que tu préfères
- slice: part (*de tarte*) (aussi *tranche*)
- wholesome: sain, naturel
- That's not too much trouble: mais ne vous dérangez pas
- see what you've done: regarde ce que tu as fait
- awkward: gêné
- pleasant: agréable
- even: stable
- handmade: faites (à la) main
- ourselves: nous-même
- do they sell: elles se vendent (*les cartes*)
- fortunate: (*nous avons*) de la chance
- by the millions: par millions
- All *I'm* saying: tout ce que je dis
- be-all and end-all: l'unique raison, le but suprême (*expr. idiom.*)
- There's more to life than: il y a d'autres choses dans la vie que
- *bottom*: fesses, bas (at the bottom of: en bas de, au fond de)
- Hear hear: bravo ! bien dit !

FORMALITIES

Rémy at the bank.

Rémy: Hi there. I need some information on **accounts**?

Teller: Sure, sir. How can I help you?

Rémy: Well, I don't actually live here, but I need some sort of temporary arrangement, you know, to **change money**, make **wire-transfers**, **swift payments**, that kind of thing. Is there any way I could use your bank for that?

Teller: Well, we really only **cater to** **account-holders**, sir, our own **clients**. The best would be to go through a **money transfer** company.

Rémy: Right. But if I were to stay here longer, would I be able to open a temporary account? For **direct deposit for instance**?

Teller: Sure, sir, how long would you be staying?

Rémy: Oh, I don't know. A few months maybe. I don't know.

Teller: Well sure, sir, then we could open a temporary account for you and provide **checking** and **savings** facilities, but other services like wire-transfers and so on would come with a **special charge**.

Rémy: Right. Do you have **money-market accounts**?

Teller: Yes, sir, we do.

Rémy: What about **e-banking**?

Teller: Um, let me give you this **brochure**. It **details** some of our services and charges. Here you go, sir, and have a nice day.

Rémy: Yeah, thanks.

Rémy gets up and leaves. He walks across the street to the Post Office.

Rémy: Hi, I'd like to send these to France, please. By **registered mail**. And… Um, could you show me your special **commemorative stamps**? I have a nephew who **collects** stamps.

Postal Employee: Sure, sir. And will you want that to be **priority mail**, sir?

Rémy: You mean **airmail**? Of course!

Postal Employee: Right, sir. I only mention that because postcards have a special **rate**.

Rémy: Oh, right. Ok. Yeah, that would be fine.

VERBS

- cater to: servir, s'occuper de
- details: lister, détailler
- collects: collectionne

EN SAVOIR PLUS

Ces vingt dernières années ont vu l'émergence d'un phénomène étrange et inquiétant. Un certain nombre d'employés des postes américaines, aigris, ont en effet pris la fâcheuse habitude de faire irruption sur leur lieu de travail, carabine en main, et de cribler de balles leurs collègues. On a recensé au moins une demi-douzaine de fusillades de ce type au cours des dix dernières années. Cette pratique peu recommandable a donné lieu à l'expression *going postal* (faire comme un postier). Certains experts mettent directement en cause les bas salaires et les conditions de travail accablantes. D'autres y voient simplement une approche imaginative de l'exercice de tir.

VOCABULARY

- accounts: comptes (bank account: compte en banque; bank statement: extrait de compte)
- Teller: employé de banque (counter: guichet)
- change money: changer de l'argent
- wire-transfers: virements électroniques (electronic wire transfers)
- swift payments: paiements swift
- account-holders: titulaires des comptes
- clients: clients (dans le secteur des *services*, on parle plutôt de clients que de customers)
- money transfer: transfert / envoi d'argent
- direct deposit: argent déposé directement sur le compte (salaire, etc.)
- for instance: par exemple
- checking: compte chèques, disposer de chèques
- savings: compte d'épargne
- special charge: des frais supplémentaires
- money-market accounts: des comptes chèques offrant des possibilités d'épargne en passant par le marché monétaire
- e-banking: banque par Internet
- brochure: dépliant
- registered mail: en recommendé (avec AR: AD: *acknowledgement due*)
- commemorative stamps: timbres commémoratifs
- priority mail: en priorité (US: mail) (GB: post, postage)
- airmail: par avion
- rate: taux, prix

BROOKE AT THE BAR

Rémy is ***in a bar****, standing* ***at the bar****, alone.*

Rémy: Hi, a **draught beer,** please?
Barman: Sure, sir, here you go.
Female voice: (***behind*** *him*) Hi there! You're *Rémy* right?

Rémy turns. Sees a beautiful woman.

Rémy: Yes… Have we met?
Brooke: Not **officially**. I'm Brooke Montgomery. **CFO** at CUC?
Rémy: **Ohhhh, right**! Pleased to meet you! Well, I guess our **lives are in your hands** right now, huh?
Brooke: I wouldn't go so far as to say that but… *Yes!* (*laughs*)
Rémy: Yes indeed! Oh well, **better your beautiful hands than** anyone else's I suppose!
Brooke: Ah! That famous French flattery!
Rémy: And that amiable American alliteration!
Brooke: (*laughs*) My, my. I'd heard you were fluent, but this **takes the cake**!
Rémy: Shall we sit?
Brooke: Sure! I hope I'm not interrupting anything?
Rémy: Not at all! As I hope I'm not?
Brooke: Goodness, no. I come here often, you know, to **let my hair down**.
Rémy: And lovely hair it is!

They sit.

Rémy: So, Brooke? How's business?
Brooke: Oh, you know. **Thanks to** folks like *you*, good!
Rémy: But aren't we **looking to diversify**? I've heard **rumors**…
Brooke: Not until the market **stabilizes**. Our **stocks are up**, but the market is still fairly volatile.
Rémy: Oh, I love it when women talk **dirty**!
Brooke: (*giggles*) Well, money's a dirty business, Rémy! And people who are afraid of **playing hardball** shouldn't get into it, especially right now with all this **e-business** and **start-ups** and **whatnot**!
Rémy: Why does that make a difference?
Brooke: Well, the banks are hungry! They want **high returns**! And you can't get that **anywhere but** in the **IT** industry. It's making all the money! The **rest of** us are bringing in the **bread and butter** for the banks, but computers are where the money is!
Rémy: And **where do we stand**? I mean, **stockmarket-wise**?
Brooke: Oh, we're doing great! Nothing to worry about. The market was **bullish**, now it's

VERBS

- looking to: cherchons à
- diversify: diversifier
- stabilizes: se stabilise
- are up: ont augmenté
- holding up: nous le supportons, survivons, nous tenons bien (to hold up under pressure: supporter la pression)
- do need: (*nous avons*) *quand-même* besoin

VOCABULARY

- *in a bar*: dans un bar
- *at the bar*: au bar
- draught beer: bière pression
- *behind*: derrière
- officially: officiellement
- CFO: directeur financier (CFO: Chief Financial Officer)
- Ohhhh right: ah ouiiii !
- *barstool*: tabouret de bar
- lives are in your hands: nos vies sont entre vos mains
- better your beautiful hands than: il vaut mieux que ce soit vos jolies mains que…
- takes the cake: ça c'est le comble ! (*expr. idiom.*)
- let my hair down: me lâcher, me reposer
- Thanks to: grâce à
- rumors: rumeurs (US) (GB: rumours)
- stocks: valeurs boursières, titres, actions
- dirty: sale
- playing hardball: jouer un jeu brutal (*expr. idiom.* US)
- e-business: commerce électronique (par Internet)
- start-ups: *start-ups*
- whatnot: et tout le tintouin, (*tout et*) n'importe quoi
- high returns: retours sur investissment élevés
- anywhere but: nulle part ailleurs que *dans*
- IT industry: industrie informatique
- rest of: les autres, le restant
- bread and butter: le pain quotidien (*expr. idiom.*)
- where do we stand: nous nous trouvons où, quelle est notre position
- stockmarket-wise: en ce qui concerne le marché des échanges (suffixe –wise: *en ce qui concerne*)
- bullish: quand il y a une hausse des prix sur le marché boursier

bearish. But we've been **holding up** pretty good! Of course, we **do need** this audit, to **rationalize** and **cut costs**. You know...

Rémy: Wow! That's a lot of jargon for a **casual encounter**! I hope you'll still **respect me in the morning**?

Brooke: (***blushing***) Well, if your **figures** are good, I don't see why not?

Rémy ***starts****. He spots Jade with another man in a corner of the bar and feels a twinge of jealousy. But smiles back at Brooke as if nothing had happened.*

Brooke: **What's wrong**?

Rémy: Oh, nothing. Just thought I saw someone I knew.

Brooke: Oh. So where in France are you from, Rémy?

Rémy: Oh **no place** glamorous, only Paris. But you... Let me see, you sound like you're from **the South**, right?

Brooke: My that's perspicacious of you. Yes I am. I'm from Georgia.

Rémy: **Old Southern money**, huh?

Brooke: (*laughs*) Well, my daddy's from an old **Confederate** family, yes, but that's all history now.

Rémy: Sure. Are most of them still down there?

Brooke: Well, my uncles and aunts yes. But my parents live up in Napa Valley. My grandfather moved all his money out of the South and moved West. I'm glad he did.

Rémy: But you have an accent?

Brooke: Yes, I was raised in the South. Just so I wouldn't forget my **roots**. Rémy: Right. Um, listen, Brooke, what are you doing for dinner this evening?

Brooke: Nothing yet.

Rémy: Would you like to have dinner with me?

Brooke: Why sure, Rémy. You know us Southerners! We ***never refuse the kindness of strangers***! (**titters**)

Rémy: *Nice*! Let's go.

VERBS

- rationalize: rationaliser
- *blushing*: en rougissant
- *starts*: sursaute, est surpris (to start: sursauter)
- *titters*: ricane (to titter: rire sottement)

EN SAVOIR PLUS

Marlon Brando est bien connu des cinéphiles du monde entier. Depuis ses premiers rôles dans des films, tels qu'*Un tramway nommé désir* et jusqu'à ses apparitions plus récentes dans *Le Parrain* ou *Apocalypse Now*, Brando n'a jamais cessé de magnétiser les amoureux du cinéma. Sa présence légendaire à l'écran, son immense talent et son incontestable beauté l'ont élevé au rang de dieu vivant du cinéma. La magie Brando reste intacte malgré les difficultés d'ordre personnel qu'il a pu rencontrer ces derniers temps.

VOCABULARY

- bearish: quand il y a une baisse des prix sur le marché boursier
- cut costs: réduire les coûts
- casual: informel, sans enjeux
- encounter: rencontre
- respect me in the morning: tu me respecteras encore demain matin (*expr. idiom.*; ce que les femmes sont supposées demander avant de coucher avec un homme)
- What's wrong: qu'est-ce qu'il y a ? qu'est-ce qui ne va pas ?
- no place: ce n'est pas un endroit (*glamour*)
- the South: le sud
- Old money: *vieil* argent, argent d'aristocrate par opposition aux *nouveaux riches*
- Southern: *du* sud
- Confederate: les états sécessionistes du Sud (confédérés)
- roots: racines
- *never refuse the kindness of strangers*: de la phrase finale de la pièce de Tennessee Williams: *A Streetcar Named Desire* (*Un tramway nommé désir*).

PRESENTATION AT WORK

Rémy at the office. Makes his report. George introduces him.

George: Right, um… This is Rémy, **our man in** France. And let me say, **he's one of a kind**. He's been with the company **quite a few** years now… Came in as a young man full of ambition, and today **heads** our division in France. But let me not waste any more time. **Take it away**, Rem.
Rémy: Thanks, George. Hi, everyone. **Those of you** who've met me know I don't **beat around the bush**. So I'm going to **get right down to it**. I'm Rémy de la Barbe, I head the French office, **located** in Paris. I used to manage Sales and Marketing, but now I **run the whole show**, and **let me tell you**, **it's no cakewalk**. It's a **handful**, it's **one *heck* of a** challenge. First **slide** please, Jenny. (*pause*) Thank you. Right. Let's first talk about sales. As some of you know, we've been able to turn sales around, make it a **win-win** situation simply by **staying one step ahead** of the competition. **Those of you working** in **production** know how hard we've made *you* work **for that to happen**! But **that's not all**. I think we've **achieved** a level of confidence with our customers that's really new and **unequalled**. Of course we've got great prices, sure we **provide** quality, but what we *really* provide is attention, availability, honesty and very little **hype**. Or such subtle and *confident* hype that the customer doesn't even know it's hype! On this slide, you see the growth curve is **pretty darn** impressive…
George: I think it **deserves applause**!
(*Applause*)

Rémy: Oh, thanks. But my whole team deserves that applause. *They're* the ones who've hunted like **dogs**, **sniffed out** those **elusive** customers, they've **tunneled** through the competition like **moles**, they've been as **stubborn** as mules, **swift** as eagles and **cunning** as **foxes**. In fact, they're so eager, sometimes I wonder **whether** I should pay them a salary or just **throw** them **raw meat**!

(*laughter*)

Rémy: But seriously… As you can see on this last **slide**, which is a little **busy** I know, our sales have grown because we've **focused** not only on **large accounts**, but on new accounts from **all-new**, previously **unexplored** directions. Of course, this meant **taking risks**, but you know what they say: **no risk, no gain**… It also meant a little downtime **initially**, as people took time to locate new business. But I trusted my people, I **went with** their **hunches**, their **gut-feelings**… And, as you can see, I was right to. On this slide, you see our strategies. Sales and marketing. Again, you see new **portfolios**, new areas of business **accounting for virtually** all of the business growth. And very flexible personalized strategies. **Eventually**, we hope to **convert** even partners into customers by defining new and original **areas of expertise**. I can't go into details, but my full report is in your packet. Any questions?

VERBS

- heads: gère (to head: mener, gérer)
- located: (*qui*) se trouve à, situé à
- run: gère, dirige
- working: travaillant
- achieved: accompli
- unequalled: inégalé
- provide: fournissons
- deserves: mérite
- sniffed out: flairer
- tunneled: creuser un tunnel
- throw: lancer, jeter
- focused: (*nous sommes*) concentrés sur, (*nous avons*) ciblé
- unexplored: inexploré
- taking risks: prise de risques
- trusted: fait confiance
- went with: accompagné, fait confiance à (to go with: suivre, accompagner)
- accounting for: qui expliquent

VOCABULARY

- our man in: notre homme en (*expr. idiom.*)
- he's one of a kind: vous n'en trouverez pas deux comme lui; il n'a pas son égal (*expr. idiom.*)
- quite a few: (*depuis*) pas mal (*d'années*)
- Take it away: à toi de jouer (façon *théâtrale* de dire: *tu as la parole*) (vous avez la parole: you have the floor)
- Those of you: ceux d'entre vous
- beat around the bush: tourner autour du pot
- get right down to it: aller droit au but
- the whole show: je gère tout
- let me tell you: permettez-moi de vous dire, je peux vous dire
- it's no cakewalk: ce n'est pas de la tarte !
- handful: un vrai défi
- one *heck* of a: un véritable, un putain de…
- slide: diapositive
- win-win: une situation où on ne peut que gagner
- staying one step ahead: être toujours devant (*la concurrence*)
- Those of you: ceux d'entre vous
- production: (*la partie*) production
- for that to happen: pour que cela se fasse
- that's not all: ce n'est pas tout
- hype: le *matraquage* médiatique
- pretty darn: vraiment (darn est un euphémisme pour *damn*, considéré comme blasphématoire) (pretty *damn* good: on ajoute *damn* entre pretty et good pour renforcer le sens ; pretty *bloody* impressive, pretty *frigging* impressive…)
- applause: applaudissements
- dogs: chiens
- elusive: insaisissable, qui échappe au contrôle
- moles: taupes
- stubborn: têtu
- swift: rapide
- eagles: aigles
- cunning: rusé
- foxes: renards
- eager: enthousiastes
- whether: si (to know whether/if: savoir si)
- raw: cru (pas *cuit*)
- meat: viande
- busy: chargée (*la diapo*)
- large accounts: grands comptes
- all-new: totalement nouveaux, tout neufs
- slide: diapositive
- no risk no gain: qui ne risque rien n'a rien
- initially: au début
- hunches: intuitions
- gut-feelings: intuitions, instincts
- portfolios: portefeuilles
- virtually: pratiquement
- flexible: souple
- Eventually: à la longue (NB: *éventuellement*- faux ami)
- areas of expertise: domaines d'expertise, de maîtrise

Question: Yeah, could you tell us how you **staked out** new business opportunities? I mean, how did you define new business, make **targets** and all that?

Rémy: Excellent question. We didn't at first. We had only a vague idea we wanted to expand business, so we went about looking for opportunities, making small **studies**, mini-business plans **if you will**. Then we looked at what kind of profit those sectors could bring us: it **wasn't worth it** if they had no money, no growth **prospects**. Then we approached them, made **actual** contact and **only then** **pushed** for sales. But let me tell you, by the time we had finished with them, by the time we had studied them, we had **so completely *seduced* them, that** it was the customers who were **begging** us to sell! Which just **goes to show**, if your customers are happy, they become your best **sales pitch**!

*His cell phone **beeps**.*

Rémy: Oh, excuse me...

Message from Jade: *Las Vegas for the 4th of July weekend? You up for it? Call me.*

VERBS

- staked out: découvert, cherché, défini
- pushed: poussé, insisté
- *seduced*: séduit (NB: to seduce: un sens beaucoup plus sexuel en anglais que *séduire*)
- begging: suppliaient (to beg: supplier, mendier)
- *beeps*: fait bip

EN SAVOIR PLUS

Depuis quelques années, on observe une nette augmentation du nombre de gourous de la réussite. Ces derniers prétendent avoir concocté ou découvert une recette miracle pour réussir dans la vie. Le gourou le plus célèbre est un jeune homme de grande taille au profil chevalin répondant au nom de Tony Robbins. Les livres et cassettes de Robbins se vendent par millions et grâce à lui, on ne compte plus le nombre de personnes ayant réussi à surmonter des problèmes aussi sérieux que la pauvreté, l'impuissance, la constipation ou la mauvaise haleine.

VOCABULARY

- targets: cibles
- studies: études
- if you will: en quelque sorte (*si vous voyez ce que je veux dire*)
- wasn't worth it: ça ne valait pas la peine
- prospects: perspectives
- actual: réel, véritable (à ne jamais traduire par *actuel*) (actuel: current)
- only then: seulement à ce moment-là
- completely: complètement
- goes to show: ce qui prouve que
- sales pitch: argument de vente

LAS VEGAS

Streets. Lights. ***Flashing*** *signs.*

Rémy: Well well, here we are! Las Vegas **no less**!
Jade: You like it? Oh, I love it! The lights! The money! The magic!
Rémy: Well, **to tell you the truth**, I find Vegas sordid and **cheap**, but with you darling, *everything's* **a treat**!
Jade: Well, you **haven't *lived* till you've** gambled and **had sex** in *Vegas*!
Rémy: Right. And got a **marriage license** I suppose!
Jade: Yeah, well, I wouldn't mind **skipping** that part…

Rémy ***looks over meaningfully*** *at Jade.*

Rémy: You don't think you'll *ever* get serious, Jade? I mean, with a man?
Jade: You're asking me this in *Vegas*? (*laughs*)
Rémy: No. It's just a general question…
Jade: Oh here we are, the Blue Flamingo. **Step up,** Mr. De la Barbe. And **get ready for** a weekend in heaven!

Rémy smiles but he ***can't help*** *feeling a little* ***peeved****. He* ***doesn't like being here****. He* ***would have preferred*** *something quieter, more* ***intimate****… He* ***scowls*** *at the* ***valet*** *who parks their car…*
Later, in the casino.

Jade: Right, I'll go **get us tokens**. We'll play the **slot-machines** first. Then we'll **hit** the **Blackjack** and **Roulette** section. Play some big money. And if you're good I'll play **strip poker** with you later!
Rémy: **Super dooper**!
Jade: Hey! **What** you **sitting around** and **moping for**! Don't you know we have a jacuzzi in the room?
Rémy: **Whoopie**!
Jade: Christ, what a **fuddy-duddy**! Listen, I have tickets for the Tim Jones show later, near the Frump Tower… Are you at *least* interested in that?
Rémy: Yeah, I guess. I like Tim Jones. ***It's not unusual*** to like him…
Jade: Oh, ha ha… So…? Are you coming?
Rémy: No, I'll hang out by the bar a little, **check out** the gangsters…
Jade: Ok. But jeez, Rémy, don't be such a ***slouch***!
Rémy: Yeah, well, **different strokes**, I guess! (*hears a beep*) **Oh hell**, what now?

His cell phone beeps. He has a message.

Jade leaves. She is irritated. Rémy ***sulks****. He tries to look for Jade, but he is depressed and he doesn't know why. Even when she* ***yanks*** *seductively on the the slot machine* ***levers*** *and winks at him, he smiles* ***weakly****.*

What is with *Rémy? Has he been* ***bitten by the love-bug****? Is he jealous? Has our Don Juan finally* ***met his match****? Is he* ***hearing wedding bells****? And who's sending him messages on his cell phone? Is it another woman? Will he respond?* ***Stay tuned for more****…*

VERBS

- *Flashing*: clignotant
- skipping: omettre
- *looks over*: regarde vers
- Step up: approchez !
- get ready for: préparez-vous pour (*Jade parle comme un animateur de cirque*)
- *can't help*: ne peut pas s'empêcher de
- *doesn't like being here*: il n'aime pas être ici
- *would have preferred*: aurait préféré (*conditional perfect*)
- hit: attaquer (to hit: battre, taper sur) (argot: *attaquer*- let's hit the bars: sortons, allons dans les bars !)
- sitting around: rester assis, ne rien faire
- moping: bouder, se traîner
- check out: regarder, *mater* (*argot*)
- sulks: boude, fait la moue
- *yanks*: tire (*argot*)
- *bitten*: piqué (to bite: mordre, piquer (insect-bite: piqûre d'un insecte)

VOCABULARY

- no less: rien de moins que
- to tell you the truth: pour tout te dire
- cheap: vulgaire (aussi *bon marché*)
- a treat: un vrai plaisir, un cadeau
- haven't *lived* till you've: tu ne peux pas dire que t'as vécu si tu n'as pas
- had sex: fait l'amour
- marriage license: certificat de mariage
- *meaningfully*: de façon significative
- *peeved*: énervé
- *intimate*: intime
- *valet*: celui qui gare votre voiture (valet-parking)
- get us tokens: nous chercher des jetons
- slot-machines: machines à sous
- Blackjack: vingt-et-un, blackjack
- strip poker: poker déshabilleur, strip-poker
- Super dooper: super ! (*expr. idiom.* très ringarde; *Rémy l'emploie avec ironie*)
- What … for: pourquoi
- Whoopie: youpie ! (*encore de l'ironie grinçante de la part de Rémy*)
- fuddy-duddy: vieux machin, vieux *schnock*
- *It's not unusual*: ce n'est pas inhabituel (un jeu de mots sur la chanson de *Tom Jones*: *It's not unusual…*)
- *slouch*: nul, qui ne veut rien faire
- different strokes: chacun son truc (*expr. idiom.*)
- Oh hell: ah merde !
- *levers*: leviers
- *weakly*: faiblement
- *What is with*: qu'est-ce qui se passe chez, qu'est-ce qu'il a
- *by the love-bug*: tomber amoureux litt: *être mordu par l'insecte de l'amour* (*expr. idiom.*); *la flèche de Cupidon*: Cupid's arrow
- *met his match*: trouver son égal
- *hearing wedding bells*: pense au mariage (*expr. idiom.*: *entendre des cloches de l'église qui rappellent le mariage*)
- *Stay tuned for more*: restez à l'écoute pour en savoir plus…

EN SAVOIR PLUS

Las Vegas est connu pour ses cérémonies de mariage. On peut s'y marier à n'importe quelle heure, sans avoir à fournir tous les documents qui sont exigés ailleurs… Il suffit d'avoir deux témoins…

INTERLUDE

Sunday. Rémy is ***driving back*** *to San Francisco alone. Jade has decided to* ***stay on*** *in Vegas ; he has preferred to leave. The weekend has* ***gone just a tad sour****.*

Rémy: (*talking to himself*) Yeah, well. Jade, *Jade*. Too damn independent **for my taste:** no needs, no softness, no **femininity**. (***shakes his head***) **So** why do I feel this awful, then? Why do *I* feel **rejected**? Like she doesn't see me? Who was that man she was with the other night? Why do I feel small and **ignored** around her, like I'm some sort of **object** she **turns off and on**. Don't *men* like independent women? Aren't we supposed to like it when they **leave us alone**? When they don't **stick** to us like **glue**? Which is it, Rémy? What are you feeling? (*pause*) Oh hell, **forget it**, I'm no **shrink**! I just need a change. I've had an overdose of Jade. Beautiful Jade, smart and sexy Jade, Jade who **takes charge**, Jade who does everything, knows everything, tells *you* how to do everything. God! I just need to **back off** for a few days! Back off and **take it easy**! **Live a little**!

His phone rings.

Voice: Rémy?

Rémy: *Brooke*! Just the person I was thinking of!

Brooke: Oh no, **you're just saying that**…

Rémy: No, I'm not, **believe** me! I got your message! I **was about to** call you.

Voice: Oh, so you're coming then?

Rémy: Oh, I **wouldn't miss it for the world**! A garden party at your **ranch**? **Sounds** delightful!

Brooke: Wonderful! When do you think you'll be arriving?

Rémy: Oh **around** 5? Is that ok?

Brooke: Perfect! And I do hope you have a healthy appetite, Rémy, and you like **all-American** food… Because we really **spoil** our guests on the Fourth of July!

Rémy: Oh, don't worry about me; a few Jack Daniels and a Bourbon, and I'll **blend** right in!

Brooke: (*giggling*) All right then, **I'll see you in a bit**. I hope you got the map I **mailed** you. But if you still need directions, I'll be…

Rémy: Oh no that's fine. I know Napa Valley pretty well.

Brooke: Oh of course! A Frenchman in **wine country**, how could I forget!

Rémy: Right, ha ha ha!

Brooke: All right, then! Bye!

Rémy: Yes! Bye!

VERBS

- *driving back*: retourne (en voiture) (back: notion de *retour*)
- *stay on*: rester (on: notion de continuer une action ; keep on, come on, hang on, move on)
- turns off and on: allume et éteind (to turn off: éteindre, mais aussi *dégoûter – argot*; to turn on: allumer, mais aussi *exciter – argot*)
- ignored: ignoré, invisible
- stick: collent
- takes charge: prend en charge (*le choses*), prend les choses en main
- back off: reculer, ne pas insister
- believe: crois
- was about to: étais sur le point de (to be about to do something: être sur le point de faire qqch)
- spoil: gâter (to spoil: gâter, mais aussi *gâcher*)
- blend in: m'adapterai (to blend: mélanger; to blend *in*: se mêler, *se fondre dans la masse*)
- mailed: posté(e)

VOCABULARY

- *gone just a tad sour:* s'est légèrement gâté (to go sour: mal tourner; sour: aigre, acide; a tad: à peine un peu; *argot* US)
- for my taste: à mon goût
- femininity: féminité (*NB : orthographe par rapport au français*)
- *shakes his head*: hoche la tête pour dire non (to nod: faire signe de la tête pour dire oui)
- So: alors
- rejected: rejeté
- object: objet
- leave us alone: nous laissent tranquille (leave me alone ! laisse-moi tranquille)
- glue: colle (*la*)
- forget it: laisse tomber !
- shrink: *psy* (*argot* pour psychiatre; to shrink: rétrécir)
- take it easy: prendre les choses tranquillement, *se la couler douce*
- live a little: profiter de la vie
- you're just saying that: tu dis ça pour me faire plaisir
- wouldn't miss it for the world: je ne le raterais pour rien au monde
- ranch: *ranch*, ferme typiquement américain (posséder un ranch = notion de richesse)
- around: vers, autour de
- all-American: 100 % américain, de l'américain pur et dur
- I'll see you in a bit: à tout à l'heure (a bit: un peu, un bout)
- wine country: pays du vin

RÉSUMÉ DE GRAMMAIRE 3

Used to

Avoir l'habitude de ; une action habituelle dans le passé.
I *am* used to eating eggs in the morning : jai l'habitude de manger des œufs le matin.
I *used to* eat seven every morning : j'en mangeais sept tous les matins.

Imperfect / Past Continuous

Ressemble au passé simple en sa structure.
I left for school at 7 every morning : je *partais* à l'école à sept heures tous les matins.
I bought my clothes there all the time : j'y *achetais* mes vêtements tout le temps.
Mais : pour une action qui se prolonge : was/were + participe présent.
I was reading when she called : je *lisais* quand elle a téléphoné.

Past Perfect Continuous

Une action prolongé dans le passé qui continue ou qui se termine.
I have been working on it for seven years : j'y travaille depuis sept ans.
I have been waiting for you all evening : j'ai passé la soirée à t'attendre.

During/for/over

La durée.
During : pendant (vraiment la *durée* d'un événement)
Ex. : He was here during the Festival : il était là *durant/pendant/en même temps que* le Festival.
He stayed for three days : il est resté trois jours. (*on ne dirait pas* during)
He worked on it over/for three months : il a travaillé dessus *pendant/sur* trois mois.

Sort of

Espèce de, presque…
I sort of like the book : j'aime *plus ou moins* ce livre.

Few/a few/a little/some

Quelques, un peu…
Few have lived to tell it : *peu de* gens ont vécu pour le dire.
Some say yes, some say no : *certains* disent oui, *d'autres* disent non.
I'll have some milk : je prendrai *un peu de/du* lait.
I'll have a little milk : je prendrai *un peu de* lait.
I have a few/some friends in Paris : j'ai quelques amis à Paris.

Every

Chaque, tous les…
Everyday : tous les jours
Every week/month : toutes les semaines, tous les mois
Every five minutes : toutes les cinq minutes
Everyone : tout le monde
Every time : chaque fois
Every so often : de temps à autre
Every few days : *tous les quelques jours*

Good/well/better/best

Bon, bien, meilleur, mieux…
A good book : un *bon* livre.
She sings well : elle chante *bien*.
He is a better doctor: c'est un *meilleur* médecin.
She sings better : elle chante *mieux*.
This is the best book of all : c'est *le meilleur* livre de tous.
She sings the best of all : elle chante *le mieux* de tous.

Gerund as adjectif

Le gérondif ou participe présent sert souvent d'adjectif.
The girl wearing blue is the prettiest : la fille *en bleu* est la plus jolie.
I saw the winning horse running next to mine : j'ai vu le cheval *gagnant qui courrait* à côté du mien.

Raccourcis

Pour répondre à une question:
Will you go with me? : iras-tu avec moi ?
La réponse avec raccourci : I will. (*au lieu de*: I will go with you.)
Do you know him? : tu le connais ?
La réponse avec raccourci : I do. (*au lieu de*: I know him.)
D'autres exemples :
Where to? : où *voulez-vous aller* ?
You been here long? : t'es là depuis longtemps ? (on omet le *have* you...)
Just got out of work : je sors à peine du boulot (on omet le *I* just got...)

That/this

Aussi, si...
I didn't know it was that good : Je ne savais que c'était *aussi* bon (*que cela*).
Is she that old? : elle est *aussi* vieille que cela ?
You didn't say it was this big : tu ne m'as pas dit que c'était *si/aussi* grand.

Less than/more than

Moins que, plus que...
I work less than her : je travaille *moins qu*'elle.
There are less books here than before : il y a *moins de* livres ici *qu*'avant.
She earns more than you : elle gagne *mieux* sa vie *que* toi.
There are more restaurants here than there : il y a *plus* de restaurants ici *que* là-bas.

Mode comparatif

Certains adjectifs prennent un suffixe.
Early = ear*lier* : tôt = plus tôt
Beautiful = more/less
Beautiful : belle : plus/moins belle

Instead of

À la place de, au lieu de...
I came here instead of him : je suis venue *à sa place*.
I brought wine instead of whisky : j'ai apporté du vin *à la place du* whisky.

Indirect speech

Discours rapporté...
Present:
She says (*that*) he is wrong : elle dit *qu'il* a tort.
On omet le that.
Past:
He told her he wouldn't come : il lui a dit qu'il viendrait pas.
They informed her that she'd have to leave : ils l'ont informé qu'il fallait qu'elle parte.

Since/from

Depuis...
It's been years since I saw her : je ne l'ai pas vue *depuis* des années.
I remember her from the last time : je me souviens d'elle *depuis* la dernière fois.

Until / till

Jusqu'à, avant de...
Ex. : I'll wait till/until she's done : j'attendrai (*jusqu'à ce*) qu'elle ait terminé.
I'll wait till he gets home : j'attendrai qu'il rentre.
Until : en général, au début de la phrase.
Until then, don't do anything : jusque-là, ne fais rien.

While

Pendant que, un certain temps...
Ex. : He rested while she worked : il s'est reposé *alors/pendant qu'elle* travaillait.
He waited for her a long while : il l'a attendue longtemps.
I stayed in Rome for a while: je suis resté à Rome *un certain temps*.
It's been a while since I drank wine : je n'ai pas bu de vin *depuis un certain temps*.

Im -; in-; un-;-less

Préfixes et suffixes de négation...
Skin = skin*less* : peau = sans peau
Penetrable = *im*penetrable : ébranlable = inébranlable
Scrupulous = *un*scrupulous : avec scrupules = sans scrupules
Disciplined = *in*disciplined : discipliné : indiscipliné
Violent = *non*-violent : violent = non violent

GARDEN PARTY

A huge property, a ***hacienda*** *with* ***grounds****, a* ***gazebo****, a swimming pool and a* ***guesthouse****. Rémy's car is parked by a valet and he enters the house. He* ***is shown in*** *by a* ***butler****.*

Rémy: (*to himself*) My, my. Old money indeed…

An ***elderly*** *woman approaches.*

Mrs. M: *Hellow!* You must be Rémy! I've **heard so much about you**! *Do* come in!
Rémy: Oh! Thank you.

Brooke arrives.

Brooke: Rémy! I see you've met Mama!
Rémy: Yes indeed. But I didn't know you were… I mean, hello, Mrs. *uh*…
Mrs. M: *Montgomery*, **of the Alabama Montgomeries** who moved to Georgia a hundred years ago and now to Napa Valley!
Rémy: Oh, that's fascinating.
Mrs. M: No, not really, dear. It's **shamefully** boring, but I like to talk about it. We have so little *history* in this country, you know, unlike your charming **land**… We must **rekindle** it at every opportunity. But, Brooke darling, why don't you show Rémy around the property and spoil him a little.
Rémy: Oh yes. **I'm all for** being spoiled!
Brooke: Jenkins! Take Mr. De la Barbe's jacket, please.
Rémy: Oh right, uh, thank you uh, *Jenkins*…
Jenkins: **Not at all,** sir.

They walk out of the house. The party looks like ***it's right out of <u>The Great Gatsby</u>****. People* ***stroll*** *around and* ***mingle****, women in light summer dresses and hats, men in golf shoes and* ***dinner jackets****.*

Rémy: Good God! I'm **underdressed**!
Brooke: Nonsense! You have that casual French elegance men here would *die* for!
Rémy: You're good for my ego, Brooke!

She ***pinches*** *his arm and laughs like a* ***debutante****.*

Brooke: **First things first**. *Drinks*!
Rémy: Right!
Brooke: What would you like? We have **Planter's punch**, **virgin cocktails**, wine of course, or something a little **harder**… Oh wait! I know what…
Rémy: What?
Brooke: Well, I'm wondering…
Rémy: *What?*

VERBS

- *rekindle*: ranimer, raviver
- *is shown in*: on le fait entrer (*to show in*: faire entrer) (*passive voice*)
- *stroll around*: se promènent (*to stroll*: se promener, se ballader)
- *mingle*: se mélanger (*allusion aux rencontres superficielles des soirées*)
- *pinches*: pince

VOCABULARY

- *hacienda*: *hacienda* (*maison à la mexicaine*)
- *grounds*: propriété, terrain
- *gazebo*: belvédère
- *guesthouse*: pavillon des amis
- *butler*: majordome, maître d'hôtel
- *elderly*: d'un âge avancé
- *heard so much about you*: j'ai tellement entendu parler de vous
- *of the Alabama Montgomeries*: des Montgomeries d'Alabama
- *shamefully*: honteusement
- *land*: pays, terre (*my land*: style rhétorique et prétentieux) (*land of freedom*: terre de liberté)
- *I'm all for*: je suis entièrement pour, en faveur de
- *Not at all*: il n'y a pas de quoi
- *it's right out of The Great Gatsby*: *une* scène sortie tout droit de *Gatsby le Magnifique* de F. Scott Fitzgerald
- *dinner jackets*: (GB) smoking
- *underdressed*: pas assez (*bien*) habillé
- *debutante*: jeune fille qui fait son entrée dans le monde (*allusion à la préciosité de Brooke*)
- *First things first*: les choses importantes d'abord
- *Planter's punch*: cocktail à base de rhum
- *virgin cocktails*: cocktails sans alcool
- *harder*: un alcool plus dur

Brooke: Could I ask you to try some of our very own wine! Grown on our very own **vines**, in our **vineyard**! By our own little **winery**!
Rémy: Oh, I'd be honored!

She ***claps her hands*** *and a little group* ***assembles****. A large man approaches.*

Brooke: Oh, Daddy! This is Rémy...
Mr. M: *Rémy*! **Pleasure**! (*shaking hands with Rémy*) Brooke here has told us all about you! You are quite a success I hear, and let me say, it's an honor to have a bona fide French businessman at our house...
Brooke: Oh, Daddy, stop!
Mr. M: Oh, I do apologize, honey!
Brooke: Rémy's going to taste your wine!
Mr. M: Oh, wonderful, Rémy! **Be my guest**!
Rémy: Well... I'm **not much of a wine-taster myself**, but...
Mr. M: Nonsense, **man**, don't be modest!

Rémy ***picks up*** *the wine-glass. Looks at it,* ***tilts*** *it a little, puts it* ***against*** *the sunlight, looks through it at Brooke.*

Rémy: Nice body...

Sips *it,* ***rolls it around*** *in his mouth. Brooke looks* ***expectantly****, a small crowd has* ***gathered****.*

Rémy: Full-bodied, nice peppery flavor, good bouquet... Yes, indeed. A most excellent wine!

Applause.
Brooke ***slips her arm into his*** *and they walk to the* ***buffet table****.*

Brooke: So! As you can see, it's all-American **fare**! There's **Clam chowder,** a **Waldorf Salad**, **Honey-roasted Ham**, **Southern Fried Chicken**, **Roast Turkey**, **Jacket Potatoes and Sour Cream**, **Porterhouse Steak**, **T-Bone Steak**, **Spare Ribs**, **Collard Greens**, **Stuffing**, **Rice and Beans**, **Yams**; the barbecue section here, with ribs, hot dogs, hamburgers and chicken... And for dessert, a choice of **Apple pie**, **Mississippi Mud Pie**, **Sweet Potato Pie**, **Pecan Pie**, **Pumpkin Pie**, **Banana Cream Pie**, **Ice cream sodas**, milkshakes and **Cherry Cheesecake**!
Rémy: Wow! Do you have **stretchers** for the guests?
Brooke: (*laughing in her debutante fashion again*) Oh, Rémy! You're a **scream**! No, but we do have some good old American **entertainment** later! This is a ranch as you can see, and we'll have a rodeo, there'll be **skeet-shooting**, **horseshoe-throwing** and even some **sack races**! You can try the rodeo bull if you like!
Rémy: Yes, most logical, a *bullish* party for a CFO!
Brooke: Ha ha ha... Oh do *stop*!

VERBS

- *claps her hands*: tape des mains, applaudit
- *assembles*: se rassemble (to assemble: monter; se rassembler)
- *picks up*: soulève
- *tilts*: incline
- *sips*: boire à petite gorgées
- *gathered*: (*une foule*) s'est rassemblée

VOCABULARY

- vines: vignes
- vineyard: vignoble
- winery: établissement vinicole
- Pleasure: enchanté ! (*it's a pleasure to meet you*…)
- be my guest: allez-y ! n'hésitez pas ! ne vous gênez pas !
- not much of a … myself: (*je ne suis pas*) vraiment un expert (*en la matière*), vous savez
- man: mon cher ami ! (façon très *british* de parler)
- *against*: contre
- *rolls it around*: le fait rouler dans la bouche
- *expectantly*: (en) attendant avec impatience
- *slips her arm into his*: glisse son bras dans le sien
- *buffet table*: buffet
- fare: nourriture, *victuailles*
- Clam chowder: soupe épaisse de palourdes
- Waldorf Salad: salade très connue de l'Hôtel Waldorf Astoria
- Honey-roasted Ham: jambon rôti au miel
- Southern Fried Chicken: poulet frit dans une pâte épaisse
- Roast Turkey: dinde rôtie et farcie (en général)
- Jacket Potatoes: pommes de terre en robe des champs
- Sour Cream: crème aigre
- Porterhouse Steak: châteaubriand
- T-Bone Steak: steak avec un os en *T*
- Spare Ribs: côtelette (*de porc*) dans l'échine
- Collard Greens: feuilles de bettes
- Stuffing: farce (*de poulet ou de dinde*)
- Yams: patates douces
- Apple pie: tarte aux pommes
- Mississippi Mud Pie: gâteau au chocolat très moelleux
- Sweet Potato Pie: tarte à la patate douce
- Pecan Pie: tarte aux pécans
- Pumpkin Pie: tarte (*sucrée*) au potiron
- Banana Cream Pie: tarte à la banane dans une crème épaisse
- Ice cream sodas: glace mélangée à une boisson gazeuse
- Cherry Cheesecake: tarte au fromage blanc et aux cerises
- stretchers: brancards, civières
- scream: impayable, très drôle
- entertainment: divertissement
- skeet-shooting: ball-trap
- horseshoe-throwing: jeu où on lance des fers à cheval sur une cible
- sack races: course en sac

EN SAVOIR PLUS

Le hot dog est probablement la pièce de résistance des habitudes alimentaires américaines, plus encore, sans doute, que le hamburger. Le hot dog est très étroitement lié à une vision nostalgique de la paisible innocence des petites villes américaines et des parties de baseball. Cependant, en termes de valeur nutritionnelle et d'hygiène, le hot dog laisse beaucoup à désirer. Les Américains font souvent allusion, en plaisantant, aux crottes de rats qui entrent dans la composition du hot dog. L'origine du mot hot dog reste mystérieuse, ceci dit, on ne peut pas entièrement exclure une certaine connotation phallique.

MORE **HIGHBROW** CONVERSATION

Rémy ***has finished eating*** *and is* ***standing by*** *the* ***pool****,* ***forced to*** *listen to Brooke's* ***Uncle*** *Charles.*

Uncle: Yes, I go to Paris often. I stay at the Ritz when I do.

Rémy: Hm.

Uncle: I enjoy Europe. I find young Americans don't travel enough. They don't know enough about the world, about Europe. They come out of **Ivy League schools**, but **they're** often **lacking in breeding**...

Rémy: Hm.

Brooke: Oh, Uncle Charles, are you **boring** Rémy?

Uncle: I'm sorry, darling.

He puts his arm around her but continues talking to Rémy.

Uncle: But you know, Rémy, Brooke is different.

Rémy: Oh?

Uncle: She's like my **very own** daughter. And I find that she's a model of what every American woman should be. She has taken advantage of the best schools in the land, she was brought up the good old-fashioned way, with **family values**, but she's spirited, dynamic, well-educated and successful! She hasn't lost her femininity and doesn't complain about society all the time! She goes out there and **does her part**!

Brooke: Oh Uncle Charles, stop it!

Uncle: No, I **insist**. What do you know about America, Rémy?

Rémy: Oh **same as everyone** I guess!

Uncle: Well, we're of old **pioneer stock**. Our ancestors worked hard to build this nation, we built it **from scratch**, and we're proud of it.

Rémy: Yes, of course. But what about the Indians?

Uncle: Well, our **ancestors befriended** those among them who agreed to **dream** the dream of progress with us, Rémy. *Progress*! It was a grand dream back then, and some of our people still don't see that! Do you know, when I was a student in Harvard in the sixties and there was all that nonsense going on in this country, a lack of patriotism I called it, well, I can tell you, **sir**, I didn't feel **proud** to be an American then! But today I run a **Fortune 500 company,** sir, and I tell my employees, I tell them everyday, *be glad and* ***proud*** *you are an American*, yes sir... That may sound pretentious to you as a Frenchman, but I say this land has a **heck of a lot** to be proud of. Its colleges, its traditions, its bringing freedom, democracy and leadership to the world. And it's a damn shame young people don't remember that!

Rémy hears a ***shot****.*

Rémy: If you'll excuse me, sir, I think I hear **gun-shots**!

Uncle: Ah, gunshots, the **backbone** of this nation!

VERBS

- *forced to*: obligé de
- they're lacking: ils manquent de (to lack, to lack in: manquer de)
- boring: tu ennuies
- insist: je dois le dire (NB : *insister* en français a une connotation de *persister*, de *répéter une action* ; to insist en anglais : *mettre l'accent sur, souligner* ; aussi he insists on doing this: *il veut à tout prix le faire*)
- befriended: traités en ami, donné notre amitié à
- dream: songer, rêver

VOCABULARY

- Highbrow: snob, intello
- *has finished eating*: a fini de manger
- *standing by*: est debout à côté de
- *pool*: piscine
- *Uncle*: oncle
- young: jeune(s)
- Ivy League schools: les grandes écoles américaines (*Harvard, MIT, Stanford*…)
- breeding: une éducation, de bonnes manières
- very own: ma propre (le very met l'accent sur my own)
- family values: valeurs conservatrices de famille (formule très *Republican*), successful: qui a réussi dans la vie, couronnée de succès
- does her part: apporte sa contribution
- same as everyone: comme tout le monde
- pioneer stock: race de pionniers (stock: race)
- from scratch: de toute pièce
- ancestors: ancêtres
- sir: Monsieur ! (bizarrement, en conversation comme ça, dire 'sir' c'est plutôt signe de snobbisme, prendre qqun de haut)
- proud: fier
- Fortune 500 company: société qui figure dans le palmarès de la revue *Fortune* des 500 sociétés les plus saines et rentables aux US
- *Shot*: un coup (*de fusil, de révolver*)
- gun-shots: un coup (*de fusil, de révolver*)
- backbone: colonne vertébrale (*être le pivot de; le pilier de*)

*Rémy raises his eyebrows and goes to the **shooting range**.*

Brooke: You have to **forgive** my uncle, he talks too much!
Rémy: Well, yeah! You know what they say about family! **Can't live with them, can't kill them**... Is that the rodeo bull?
Brooke (*a **trifle** shocked*): Uh. Oh yes, uh, you must try the bull!
Rémy: Oh no, I have a **sensitive** back...
Brooke: Oh, come on Rémy... You *must*. It'll be such a treat!

*She leads him to the bull. He gets on it. It is turned on. He **holds on** for a **while**, then **flies off** and **lands heavily** on his back.*

Rémy: OWWW!

*The assembled **guests** laugh. Rémy scowls, **pretends** it's nothing. But he wastes little time. He says he is tired and leaves, much to the **chagrin** of Brooke and her family.*

Brooke: Won't you stay for the **service**?
Rémy: *Service?*
Brooke: Oh, yes, you would call it **Mass** I suppose, being a Catholic. But we have a little chapel out there, a darling little thing, and...
Rémy: Oh no. No, I'm sorry Brooke, but I'm tired. I think I'll call it a day...
Brooke: (*disappointed*) Oh, all right then. Well, good night, Rémy. And thank you for stopping by! It was such a pleasure! I do hope we can see each other some time!
Rémy: Yes, thank you for a lovely afternoon, Brooke. I'll see you soon!
Brooke: Jenkins!
Rémy: Yes, Jenkins! Thank you Jenkins! Goodbye Jenkins, Goodbye Brooke!
Brooke: (*romantically **pecking** him on the **cheek***) *Au revoir,* Rémy!

VERBS

- *forgive*: pardonner
- *holds on*: se tient (to hold on: se tenir ; *aussi* rester en ligne au téléphone)
- *flies off*: vole dans l'air
- *lands*: atterrit
- *pretends*: fait semblant
- *pecking*: donnant une bise (to peck: donner un coup de bec, donner une bise sur la joue)

VOCABULARY

- *shooting range*: stand de tir
- Can't live with them, can't kill them: on ne peut pas les supporter, mais on ne peut pas les tuer non plus… (une version plus *hard* et originale de *l'expr. idiom.* plus connue: Women ! Can't live with them, can't live without them !: Les femmes ! Impossible de vivre avec, impossible de vivre sans…)
- *trifle*: un peu, légèrement
- sensitive: sensible
- *while*: un bout de temps, un certain temps
- *heavily*: lourdement
- *guests*: invités
- *chagrin*: déception
- service: service (religieux)
- Mass: messe
- *Cheek*: joue

TROUBLE IN ER

Rémy is ***laid-up*** *in his room. He can't move. His back* ***is out****, his face is* ***contorted*** *in agony. He has called Jade and left a message for her to call him back. He has also* ***called in sick*** *at the office.*

Rémy: Oh, lord. Why on earth did I listen to that **dumb broad**! **This is what I get for** for **messing around** with a rodeo bull!

Jade and Rémy in ER.

Nurse: Hi, can I help you?
Jade: My friend here has an **excruciating pain** in his **lower back**.
Nurse: Uh, your insurance papers, please.
Jade: Oh, he's not American, he…
Nurse: I'm sorry, Ma'am. I still need him to sign these papers, you're not the only ones waiting you know!
Jade: (***under her breath***) ***Bitch***!
Rémy: What is it?
Jade: Your insurance. Did you bring the papers?

Jade fills out all the papers.
Three hours later.

Doctor: What seems to be the problem, Mr. uh, Dee la Barb?
Rémy: I fell on my back yesterday from a Rodeo Bull.
Doctor: That was smart! How high was the **fall**?
Rémy: I don't know, I was **too busy falling** to measure the **height**! Sorry!
Doctor: Right. Thank you. Can you turn?
Doctor: Did you go to the **X-ray department**? **Cat scan**? **MRI**?
Rémy: Yes, yes. We've been here **half the** day!
Doctor: Ok, then. They'll tell us what we need to know… Um, let me take a look at you.

He examines Rémy who ***howls*** *in pain every time the doctor touches his back.*

Doctor: Ok, should be fine. Your **vital signs** are ok, **blood pressure**, **eyes**, **reflexes**, **heart rate**… Your **nerves** don't seem to have suffered. I think it's a **muscular** thing, I'm hoping it's not your vertebrae. But only the **scan results** will tell us **for sure**. **In the meantime** I'll **prescribe** some **painkillers**. But you will need to wait until we get the test results.

Later. It is 9 p.m. Jade and Rémy have been waiting all day.

Doctor: You're fine. It's only muscular, you're *very* lucky! You could have suffered **paralysis** you know!
Rémy: Thank you! I always like an optimistic doctor. Can I go now?

VERBS

- *laid-up*: alité, immobile (to be laid-up: ne pas pouvoir bouger)
- *contorted*: contorsionné
- stabbing: poignarde
- *howls*: hurle
- paying: paye
- prescribe: préscrire (*ordonnance*: prescription)
- admit: avoue

VOCABULARY

- **ER:** urgences (ER: emergency room)
- *is out*: fait mal, est *HS*
- *called in sick*: appelé au bureau pour dire qu'il est malade
- dumb broad: pétasse (broad: gonzesse, bonne femme... dumb: sotte, idiote)
- This is what I get for: c'est ce que je mérite, voilà ce qu'on a quand on...
- messing around: faire l'idiot, déconner
- Come in !: entrez !
- excruciating pain: une douleur intense
- lower back: le bas du dos
- *under her breath*: à voix basse
- bitch: conne, connasse !
- fall: chute
- too busy falling: trop occupé à tomber
- height: hauteur
- X-ray department: service des radios
- Cat scan: scanner
- MRI: IRM (Magnetic Resonance Imaging: *Imagerie par résonance magnétique*)
- half the: la moitié (de)
- vital signs: signes vitaux
- blood pressure: tension artérielle
- eyes: les yeux
- reflexes: les réflexes
- heart rate: pouls
- nerves: nerfs
- muscular: musculaire
- vertebrae: vertèbres
- scan results: résultats de scanner
- for sure: (*les résultats nous le diront*) plus clairement, avec plus de certitude
- In the meantime: en attendant, entretemps
- painkillers: calmants, anti-douleur
- paralysis: paralysie

Doctor: Yes, please follow the prescription and don't ride any more rodeo bulls.
Rémy: Right. A doctor *and* a **comedian**! Wonderful!

Outside. Jade helps him into her ***wagon****.*

Suddenly they spot someone ***rushing towards*** *them.*

Someone: I came as soon as I heard! Oh I feel so bad! Are you all right?
Rémy: Brooke!
Jade: Brooke!
Brooke: Jade!
Jade: *Rémyyyy!*
Rémy: ... Jade...
Jade: So it was at *your* house? The bull?
Brooke: Oh, Rémy, I'm so sorry! Are you all right?
Rémy: Yes fine, Brooke. Don't worry. They said it's nothing. No real **harm done.**
Brooke: Oh, ok, well if you're sure then. I'll come and see you later.

She leaves.

Jade: (*laughing*) Ohhhh! I see it all now! You **walked out on** my Vegas weekend to be with *Brooke*! You wouldn't gamble with *me* but you **were willing to ride her *bull***!
Rémy: No, Jade. It's **not as bad as it looks**!
Jade: Oh, yes it is! I *know* Brooke. And I'm sure *she* came to see you because she **cares**, *not* because she was afraid you would **sue** her!
Rémy: Oh... Jade, don't say that...
Jade: Oh, this is delightful! Well, Rémy! I guess things are clear now. Yes, I see them very clearly.
Rémy: No, Jade, listen, Jade... OWWWWW...

Jade ***revs up*** *her car and drives so hard that Rémy screams all the way to the hotel. But he doesn't know which is worse, the trouble in his back or the* ***ache*** *in his heart!*

VERBS

- *rushing*: se précipitant
- cares: s'intéresse (to care: s'occuper de, soigner, s'intéresser)
- sue: poursuivre / attaquer en justice
- *revs up*: emballe le moteur

VOCABULARY

- comedian: comique
- *wagon*: grande voiture, break (stationwagon: break)
- *towards*: vers, envers (aussi toward)
- no harm done: pas de mal (*de fait*)
- were willing to: étais d'accord pour (to be willing to)
- ride her *bull*: monter sur son taureau (*Jade fait délibérément un jeu de mots salace !*)
- not as bad as it looks: ce n'est pas aussi mauvais que ça n'en a l'air
- *ache*: douleur, trouble, émoi

A FINE MESS

*Rémy needs to get things **straightened out**. He likes Jade but cannot **get a grip** on her… Brooke is **easier** to **dislike** but **harder** to **get rid of**. Besides, as CFO, she might take **revenge** on him… Would she?… One never knows…*

Rémy: (*on the phone*) Brooke? Hi, Brooke. I wanted to talk to…

Brooke: Oh Rémy, I'm *so* glad you called. It's just perfect! My parents would like *so* much for you to come over and **dine** with us… At our house in the city of course, we would drive you…

Rémy: Ah, well, thanks, but…

Mr. M: Rémy! Hello, **son**. Sorry to **cut in** on you like this, but my wife and I would really like to get to know you better. And since we do feel **somewhat** uh, *responsible*, we would also like **to make it up to** you.

Rémy: Uh…

Mr. M: No! We **won't take no for an answer**! I'll have our chauffeur pick you up at 7. Is that all right?

Rémy: Well, all right… I suppose.

Rémy: (*to himself*) Now that's ***pushy***! Incredible! Well… I guess I could go and work it out. **Put an end to** it. But how? Oh, I bet Jade would know! She'd know how to **handle** these people… (*looking at himself in the mirror*) Rémy! **Here's another fine mess you've got me into**!

*Later. At the **Montgomeries'** city residence.*

Mr. M: Rémy! Delighted you could make it. You remember my brother Charles?

Rémy: Yes indeed. **How do you do**?

Charles: Rémy! *Mon ami*! That rhymes doesn't it?

Rémy: Yes, ha ha ha. Indeed!

Mr. M: This is our friend Jimmy Graham! You might have heard of him. He is a famous **Evangelist**, the first to **preach God's word** on television!

Rémy: Yes, yes. I sure have. How do you do?

Graham: Fine, sir. I know you're a Catholic, but I **won't hold it against you**! HAW HAW HAW!

Rémy: That's kind of you, **I'm sure**!

Brooke: Rémy!

*Brooke enters, looking stunning. Rémy **has a hard time not noticing**. But in his mind he contrasts her with Jade, Brooke's parents with Jade's; he feels uncomfortable.*

Brooke: I wish you had called *me* yesterday, Rémy. Jade is no friend in such circumstances.

Mr. M: Jade? Your old friend Jade?

Brooke: Hardly a friend, Daddy.

Charles: That girl whose parents were *hippies*?

VERBS

- *straightened out*: redressé
- *get a grip*: avoir une prise
- *dislike*: ne pas aimer
- *get rid of*: se débarrasser
- dine: dîner
- cut in: interrompre (se dit quand un homme veut danser avec une femme qui a déjà un partenaire: may I cut in…)
- to make it up to: nous faire pardonner
- preach: prêcher
- handle: faire face à, s'occuper

EN SAVOIR PLUS

Aux États-Unis, la religion chrétienne est à l'origine d'une multitude de mouvements et dénominations hétérodoxes, dont l'église charismatique, un mouvement dont l'influence ne cesse de s'étendre. Les charismatiques mettent essentiellement l'accent sur la rédemption extatique et le rapport personnel avec Dieu. L'acte de rédemption s'accompagne généralement de violents épanchements, de marmonnements délirants et de mouvements étranges et contorsionnés sur le plancher des églises, devant la congrégation réunie. L'observateur externe éprouvera sans doute quelque difficulté à saisir la signification de tels comportements mais le divertissement, lui, est garanti.

VOCABULARY

- *easier*: plus facile
- *harder*: plus difficile
- *revenge*: vengeance
- son: mon fils (paternaliste mais se dit dans certaines circonstances d'affection et d'amitié)
- somewhat: un peu, *quelque peu*
- won't take no for an answer: vous ne pouvez pas refuser
- *pushy*: aggressif
- Put an end to: mettre fin à
- Here's another fine mess you've got me into: tu m'a encore mis dans de beaux draps
- *Montgomeries'*: les Montgomery (en anglais le nom de famille se met au pluriel ; l'apostrophe pour indiquer '*chez les Montgomery*' alors vient après le 's')
- How do you do: comment allez-vous (formule très polie)
- Evangelist: évangéliste
- God's word: la parole de Dieu
- won't hold it against you: je ne vous en voudrai pas
- I'm sure: n'est-ce pas (s'ajoute à la fin de la phrase comme le 'n'est-ce pas' très élégant en français)
- *has a hard time not noticing*: (*il*) a du mal à ne pas remarquer

Brooke: Now now, Uncle Charles, let's be tolerant.

Charles: I am! *Heck*! But one thing I can't **tolerate** is **free-loading bums**.

Graham: **To err is human**, Charlie! **To forgive is Christian**!

Rémy: And to sit down is to **provide relief** to my back!

Brooke: (*giggles*) Of course, Rémy, I'm so sorry, do sit down…

Graham: I was in your country many years ago, Rémy. It was a bad time. Student **uprisings**, a lot of free sex. Not a good time for *God!*

Rémy: No, God has had a **rough time of it** in France.

Graham: Not very tolerant, are they? The French?

Rémy: Oh, **they have their moments**.

Graham: Look at us here. **You've got your** Baptists, **Methodists**, **Episcopalians**, **Presbyterians**, **Mormons**, **Seventh day Adventists**, **Jehovah's Witnesses**, **Unitarians**… You even got your Catholics, **Jews** and some Hindus now.

Rémy: Ah yes! But we have Communists, Anarchists, Socialists *and* some Muslims now!

Mr. M: Ha ha ha, he's got you there, Jimmy.

Graham: Oh, no! I have an answer for you, sir! All those people you cited, except the Moslems, well, they don't have a God, sir. They are ***blind*** to God! And so they are responsible for a lot of the evil in this world, sir.

Rémy: Well, I suppose **that's one way of looking** at it.

Graham: It's why I couldn't live **anywhere but** in America, sir, because we believe in God here. We don't believe God is *dead*.

*Rémy is **squirming**. He knows **tact** and **diplomacy** are required for him to get out of this with as little damage as possible. But his hatred of **bigotry** and his **outspoken** character **demand** a more dramatic solution. What to do?*
His phone rings.

Rémy: Excuse me… Hello?

Jade: *Hello, Rémy. Listen I don't know where you are, but…*

Rémy: *Maman!*

Jade: *What?*

Rémy: (*looking at his hosts **apologetically***) Mother! How are you?

Jade: *Who?*

Rémy: No, I'm fine now, Mother. No… I am at their house. Yes, it was their bull. *Pardon*? No, they did insist I ride it, but I'm fine now. The doctor said I *could have been* ***paralyzed*** but… Well, of course! I spent a whole day at the hospital. What? No, it **cost** the *company* hundreds of dollars… Oh, no. I didn't go to work, I could **barely** *move*! Yes, I know. I'm having to stay at the hotel for longer than necessary but… No, they're very nice to me, they're *spoiling* me, Mother. They're good, **God-fearing** people… Ha ha ha, yes, I know if I were an American *I would sue* Mother, but… Right! We all know I'm not! Ha ha ha.

*Brooke and her family are going **redder and redder** in the face listening to this little conversation. Rémy pulls his face away to pretend he is being discreet, **whereas** in fact he is **pulling away** to **keep them from hearing** Jade's laughter.*

Rémy: What? *Now*? I can't, Mother… I… Oh, all right. I'll do it… Au revoir, Maman, yes, Mother. (*hanging up and speaking to his* ***hosts***) Sorry…

Graham: You speak *English* with your mother?

Rémy: Yes! Did I never **mention** it? My mother is **Irish**. I speak to her both in English *and* French. (*getting up*) You'll have to excuse me, I'm afraid. She needs some important papers and I have them with me… It's very important I send them, they're for a ***lawsuit***…

The word ***lawsuit*** *causes* ***further twitches*** *in the company.*

Brooke: Oh! Oh sure, Rémy. I'll drive you myself. I understand perfectly.

Rémy: Goodbye, everyone, I'm sure we won't meet again because I'll be leaving soon. But it was a sincere pleasure.

Mr. M: (*with a* ***knowing*** *smile*) Yes, goodbye, Rémy. A fine businessman you are, yes yes. I would ask you to come work for me if you weren't such an asset to CUC, yes… Goodbye. And good luck to your *mother*!

Brooke scowls at her family and walks ***gingerly*** *ahead of a* ***hobbling*** *Rémy to her car.*

VERBS

- tolerate: tolérer
- free-loading: profiteur, parasite (qui vit de la générosité des autres, de l'État)
- *squirming*: est mal à l'aise (to squirm: se tortiller)
- *demand*: exigent (NB : to demand: exiger, réclamer)
- *paralyzed*: paralysé
- cost: coûter
- *pulling away*: se retire (away: donne le sens de s'éloigner, partir)
- *getting up*: en se levant
- *hobbling*: en clopinant

VOCABULARY

- bums: clochards, vauriens
- To err is human: l'erreur est humaine
- To forgive is Christian: pardonner c'est divin
- provide relief: soulager
- uprisings: révoltes
- rough time of it: a été malmené
- they have their moments: pas tout le temps / ils ont leurs moments de… (Rémy resté délibérément ambigu sur le sens de sa phrase ; moments de grandeur ou de déchéance ?)
- You've got your: il y a des (façon idiom. de parler; litt: *vous avez vos…*)
- Methodists: méthodistes
- Episcopalians: épiscopaux
- Presbyterians: presbytérien
- Seventh day Adventists: Adventistes du septième jour
- Jehovah's Witnesses: Témoins de Jéhovah
- Unitarians: Unitarien
- *blind*: aveugle
- that's one way of looking: c'est une façon de voir les choses
- anywhere but: ailleurs que (but ici: sauf)
- *tact*: tacte
- *diplomacy*: discrétion, être diplomate
- *bigotry*: sectarisme
- *outspoken*: franc, qui ne mâche pas ses mots
- *apologetically*: en s'excusant
- barely: ne guère, à peine
- God-fearing: croyants, qui craignent Dieu, des *gens biens*
- *redder and redder*: rougissent de plus en plus
- *whereas*: alors que
- *keep them from hearing*: les empêcher d'entendre (to keep from: empêcher de)
- *hosts*: hôte
- Irish: irlandais
- *Lawsuit*: procès
- *further*: plus de
- *twitches*: tics, mouvements convulsifs, sursauts
- *knowing*: malin
- *gingerly*: avec précaution, doucement

THE BEACH

Jade and Rémy stroll on the beach…

Jade: Isn't it a **gorgeous** day?

Rémy: Oh, perfect.

Jade: How's your back?

Rémy: Oh, better, much better.

Jade: I have to say **that was some performance** at Brooke's. You should get an Oscar for that! AND you should thank *me*! I mean if I hadn't called…

Rémy: (*kissing her hand*) Oh, Jade, *beautiful* Jade, I owe you everything. Yes, especially, for getting me out of the **dragon's lair**!

Jade: Well, you don't deserve it, Rémy! Remember that! You **ditched** me in a most horrible manner! You **owe me *double*** now!

Rémy: Oh anything, Jade! *Anything*. (***looking out** at the **waves***) God, that sea looks **inviting**! I wish I could **wind-surf**. Or just **surf**! **If it weren't for** this **accursed** back…

Jade: It still hurts, huh?

Rémy: Yes. But, oh, **what I wouldn't give for** a little **water-skiing**, a jet-ski ride, a little **fly-surfing**, even some **sail-boat** action… God I feel old…

Jade: (*laughing*) Well, you *are* old!

Rémy: Oh thanks, Jade. You're so… (*spotting a woman*) Wow! **Look at the silicone on** that woman!

Jade: Yeah, and check out the biceps on that man! And his **pecs**! Mmm! Not to mention the nice **washboard**… I wouldn't mind **spotting him** on the **bench press** myself.

Rémy: I will *never* understand the American mania for working out in public. Look at that! It's bestial! Who but a **caveman** would **body-build** on the beach?

Jade: Caveman or no, he's ***purty***!

Rémy: You like that? The **bulky look**?

Jade: I like *any* look, **so long as** it's **well-proportioned** and pleasing to the eye.

Rémy: Well, I prefer **sun-bathing** myself, on the beach. And **water-sports**.

Jade: What about **sand-castles**?

Rémy: Sure, when I was a *kid*…

Jade: Oh no! They have **contests** here. For *adults*.

Rémy: Yes, well… Adult *Americans* don't **quite qualify as** *actual* adults, do they?

Jade: Oh, ha ha. Very funny…

Rémy: No, I can't build a sand-castle: I don't have the right **tools**. I don't have a **shovel**, a **bucket**… (***sighs***) What *could* I do?

Jade: Nothing, darling. You just sit here like a **dirty old man** and watch the action from a safe distance while I go and play.

Rémy: You do that, **babykins**. You go and **roller-blade** or whatever it is you Californians do, **skateboard** with your **headphones** on, play **beach volleyball**, go **snorkelling**

with your **flippers** and **goggles**, **flirt** with the **lifeguards**... And when you're done, I'll **buy you** an ice-cream and take you home.
Jade: Ok, **daddy-o**, I'll see your **square ass** later!

*She runs off. Rémy looks at her pretty **behind** and smiles. He doesn't know what it is, but she's got something that makes him **happy**...*

VERBS

- ditched: lâchement abandonné
- *looking out*: en regardant au loin
- spotting him: l'aider à faire sa musculation
- *sighs*: soupire
- roller-blade: faire du *roller*
- skateboard: faire du *skate*
- snorkelling: nager avec un tuba
- flirt: draguer (mais plus gentil que *draguer*)

VOCABULARY

- gorgeous: ravissant
- that was some performance: c'était une sacrée performance
- dragon's lair: l'antre du dragon
- owe me *double*: you owe me: tu me dois ce coup-là ! à charge de revanche ! (*expr. idiom.*)
- *waves*: vagues
- inviting: tentant, alléchant
- wind-surf: planche à voile
- surf: surf
- If it weren't for: si je n'avais pas ce problème de...
- accursed: maudit
- what I wouldn't give for: qu'est-ce que je ne donnerais pas pour
- water-skiing: ski nautique
- fly-surfing: fly surf
- sail-boat: voilier (to go sailing: faire de la voile)
- Look at the silicone on: regarde-moi le silicone sur (*cette femme*)
- pecs: pectoraux
- washboard: carrés de chocolat (ventre musclé)
- bench press: banc de musculation
- caveman: homme des cavernes
- body-build: faire du body-building, du culturisme
- *purty*: joli (déformation de pretty)
- bulky look: le look corpulent, *balaise*
- so long as: tant que
- well-proportioned: proportionné
- sun-bathing: se mettre au soleil, prendre un bain de soleil
- water-sports: sports aquatiques
- sand-castles: châteaux de sable
- contests: concours
- quite qualify as: ne peuvent pas être considérés tout à fait (*comme des adultes*)
- tools: outils
- shovel: pelle
- bucket: seau
- dirty old man: vieux vicieux
- babykins: ma petite
- headphones: écouteurs
- beach volleyball: volley de plage
- flippers: palmes
- goggles: lunettes de plongée
- lifeguards: surveillants de plage
- daddy-o: mon vieux, pépé (*expr. idiom.* très fifties: *années cinquante*)
- square ass: (*ton*) cul de tocard (US, *vulgaire*) ass : cul, square : vieux jeu, ennuyeux (I'll see you later devient I'll see your *square ass* later)
- *behind*: (*son*) derrière
- *happy*: heureux

RÉSUMÉ DE GRAMMAIRE 4

Look/see/watch
Regarder, voir…
Watch : quand on regarde une action prolongée dans le temps (*film, qqun marcher…*)
She looked at me : elle m'a *regardé*.
They saw a ghost : ils ont *vu* un fantôme.
I watched her leave : je l'ai *regardée* partir.

Conditional Perfect (to be able to)
Passé du conditionnel (could have + participe passé).
I could have gone to the party : *j'aurais pu* aller à la soirée.

Must (past perfect)
A dû…
She must have left by now : elle a dû déjà partir.

I had better…
Je ferais mieux de…
You had better (*you'd better*) finish : tu *ferais mieux de* finir.
You'd better pay me back now : t'as intérêt à me rembourser tout de suite.

I need you to… want you to…
J'ai besoin que tu… j'ai envie que tu…
En français on aurait recours au subjonctif, en anglais on préfère l'infinitif.
I need you to look at this : j'ai besoin que tu regardes ça.
I want you to love me : je veux tu m'aimes.

Conditional Continuous
Pour une action prolongée au conditionnel. Se forme avec would be + participe présent.
I would be working if I were you : à ta place je *serais en train de travailler*.
I'd be staying at the Ritz if I could afford it : je descendrais au Ritz si je pouvais me le permettre.

Whether/if
Si… (whether exprime un choix entre deux possibilités)
He asked me whether/if I was buying it or no : il m'a demandé si j'allais l'acheter (*ou non*).
She asked him if he'd like to go : elle lui demandé *s'il* voulait y aller.

Somewhere/everywhere/anywhere
Quelque part, partout, n'import où…
Let's go somewhere : allons *quelque part*.
The police are everywhere : les policiers sont partout.
I don't care, let's go anywhere : je m'en fiche, allons n'importe où.
Aussi : Let's eat somewhere nice : allons manger *dans un endroit* sympathique.
NB : Les Américains disent parfois someplace pour somewhere. C'est *argotique*.

Neither/nor/either/or
Ni, non plus, soit, ou bien…
I speak neither Danish nor Chinese : je ne parle *ni* danois *ni* chinois.
I'll have either the pasta or the steak : je prendrai des pâtes *ou alors* du steak.
Either you go or you decide to stay! : *ou bien* tu pars *ou alors* tu décides de rester !
I don't speak Japanese either : je ne parle pas le japonais *non plus*. / Moi *non plus*, je ne parle pas japonais.

So/so much…
Tellement…
She is so much happier now : elle est *tellement plus* heureuse maintenant.
Paris is so much *more charming* than London : Paris est *tellement plus* charmant (*comme ville*) que Londres.
I have so much work right now : j'ai *tellement de travail* en ce moment.
MAIS : She is so beautiful : elle est tellement belle…

● What the...; so damn good...; a hell of a...

En anglais, on exprime sa colère en insérant des mots (*plus ou moins*) vulgaires dans une phrase...
What the hell is this? : c'est *quoi ça, merde*!
What on earth is going on ?: qu'est-ce qui se passe *bon sang*!
What in God's name have you done ? : qu'est-ce que tu as fait, *nom de Dieu*!
What the *heck*, c'est la forme expurgée américaine de what the *hell*.
Ou alors : c'est tellement bon ! : it's so damn/bloody good!
Ou alors : intraduisible : a hell of a party : une soirée incroyable !
This book is bloody brilliant: ce livre est vraiment magnifique

● Time...

Des expressions avec...
From time to time : de temps en temps, de temps à autre
At times : des fois...
There was a time : il fut un temps
At one time : à une époque
At that time : à cette époque-là
Once upon a time : il était une fois
All the time : tout le temps
In the meantime : en attendant

● Pretty/fairly/quite...

Assez, à peu près...
I'm pretty sure it's tomorrow : je suis *à peu près* sûr que c'est demain.
He's fairly good : Il est *assez* doué.
She's quite a good cook : c'est une *assez* bonne cuisinière.
Mais les trois peuvent s'employer interchangeablement, pretty ayant une connotation *légèrement* plus affirmative/positive que fairly ou quite...

● Than

Que...
This is more expensive *than* that : ceci est *plus coûteux que* cela.
She is younger *than* me : elle est *plus jeune que* moi.

● Compound words/phrases

En anglais, on affectionne beaucoup les mots composés qui consistent à coller un ou plusieurs adjectifs à un nom.
Investment-hungry : nécessitant beaucoup d'investissements
High-risk : à haut risque
Low-maintenance software : logiciel nécessitant peu d'entretien
High-quality low-price headache-free products : produits de haute qualité à bas prix qui ne poseront aucun problème...

● Still/yet

Encore...
I have yet to travel to France : je ne suis pas encore allé en France.
I am still working there : j'y travaille toujours.
Yet a une connotation d'action qui *reste à faire*, still fait référence à une action *qui continue*...
Has she finished yet ? : elle a fini *ou pas*?
No, she still hasn't finished : non, elle n'a pas *encore* fini (elle n'a *toujours* pas fini).
Does she still live in Paris : elle habite *toujours* à Paris ?

POLICE AGAIN

Later. In the car ***on the way home*** *from the beach.*

Rémy: ***Shit***!
Jade: **What now**…
Rémy: My **wallet**…
Jade: **Don't tell me**… Rémy! Life with you is like a ***soap opera***!
Rémy: I'm serious! Someone **stole** my wallet!
Jade: So what now? You want to **report** it?
Rémy: I have to! I won't get **insurance** on it if I don't.
Jade: Insurance? What do you have in there?
Rémy: Oh, my **palmtop**, some papers…
Jade: Your palmtop fits in your wallet? Whatever… **Never mind**. Let's go to the **police station**…

At the Police Station.

Rémy: Hi. I'd like to report a stolen wallet.
Policeman: Sure, sir. We'll take your **statement**. But I hope you're not expecting it back.
Rémy: Well, yes, ***kind of***. I mean if some **nice** person returns it…

The policeman starts to ***snigger****, looks at his* ***buddies****, chuckles with them.*

Policeman: Sure sir. Whatever. Just fill this out. Your name, your address, the details… Where and when you lost it, what was in it… The **estimated value**… You sure it was stolen?
Rémy: Yes, I'm sure. I wouldn't be here if I thought I'd left it in my pocket.
Policeman: You're not from around here, are you?
Rémy: No, **does it show**?
Policeman: Oh yeah! It sure does! (*and he goes back to his friends and they laugh some more*)
Rémy: (*to Jade*) What is it with the public services here? Why do they all **treat** you like an idiot? The doctor in ER the other day, now the cops… Why don't they just do their job and **respect** you?
Jade: Because it **says so** in the constitution. **The people** are stupid, it says. So if you can't ignore them, just laugh at them and treat them like idiots…
Rémy: Yeah, good. Now, can you **help me out** with this? I can't write straight.
Jade: Ok, and what then, Mr. *De la Barbe*? You want me to wash and **bathe** you? Change your **diapers**, **breastfeed** you and put you to bed?
Rémy: Oooh, I **wouldn't mind** at all. That sounds *niiice*…

They laugh.
Later.

Rémy: Here you are. And there's my **ID** if you need to look at it.

Policeman: Right, sir. Now you go on home and **cancel** all your cards, sir. But if I were you, I wouldn't **spend sleepless nights** waiting for my wallet… (*chuckles some more*)
Rémy: Yeah, thanks! *Comedians* ***everywhere***!
Jade: Come on!

VERBS

- stole: a volé
- report: déclarer (*un vol*)
- *snigger*: ricaner
- treat: traitent
- respect: respectent
- bathe: donner un bain
- breastfeed: allaiter
- wouldn't mind: cela ne me dérangerait pas du tout (to mind: ne pas apprécier, vouloir; I don't mind: je veux bien)
- cancel: annulez

VOCABULARY

- *on the way home*: sur le chemin du retour
- *Shit*: merde
- What now: qu'est-ce qu'il y a encore
- wallet: portefeuille (*porte-monnaie*)
- Don't tell me: laisse-moi deviner
- *soap opera*: séries télé produites au début par des fabricants de savon (soap: savon)
- insurance: assurance
- palmtop: agenda électronique
- Never mind: laisse tomber
- police station: commissariat de police
- statement: déclaration, constat
- *kind of*: un peu quand-même
- nice: gentil
- *buddies*: potes, copains
- estimated value: valeur estimée
- does it show: ça se voit
- says so: il est dit, il est indiqué
- The people: les citoyens, le peuple
- diapers: couches-culottes
- ID: papiers d'identité
- spend sleepless nights: (*je ne passerais pas*) des nuits blanches
- *everywhere*: partout

HASSLES AND GOODBYES

Rémy calls the credit-card company.

Rémy: Yes, hello, I'd like to cancel my cards please?
Operator: Your **card number** please, sir...
Rémy: 5432 7658 9876 7890.
Operator: Thank you, sir. How may I help you, Mr. Dee la...
Rémy: Well, I just told you. My cards need to be canceled. They were stolen.
Operator: I see both your cards, sir. Could you confirm the second number please?

Rémy does so.

Operator: Could you **state** your **current** home address, sir?

Rémy does that as well.

Operator: And your mother's **maiden name**?
Rémy: Purdue.
Operator: All right, sir. You want me to go ahead and cancel **both** for you?
Rémy: Yes. And send me new cards.
Operator: All right, sir. Will that be at your address in France?
Rémy: No. I'll give you an address in...
Operator: No I'm sorry, sir. We can't send them **anywhere else**.
Rémy: Well, **what was the point of asking**? Listen, **lady,** I'm *traveling*! I can't afford to travel without **plastic**! **Paper money is out**!
Operator: All right, sir. We'll make an exception. Is there a **work address** I could send it to?

Rémy provides the address of his company ***headquarters*** *in San Francisco.*

Operator: All right, sir, you'll have your new cards in three days.
Rémy: Thank you.

He calls about his other cards: ***calling cards****, frequent flier cards,* ***membership*** *cards to professional associations. Then he calls his secretary in France and asks her to* ***notify*** *the insurance company. Then he goes in to see George.*

George: Rémyyy. Come on in. So! It's already time for you to leave! **Time sure flies,** huh!
Rémy: I guess so, George! Jenny's out there organizing my **travel plans**. So I guess everything worked out! Not too many **losses** on your side, I hope?
George: Oh well, I was really sad to see some people go. **Firing** people is never easy.
Rémy: Yeah. I'm not a big fan of it either.
George: But I have to say Rémy, *you* made us proud. Your office not only passed the audit, it passed **with flying colors**! You're a role model for us! Your report's practically a Bible! (*laughs*) Jeez, I remember when you were **brand new** in the company... And now you're its most productive **asset**. Well, you're an inspiration to us all.

Rémy: Jeez George! You make me sound like I was **dead**!
George: Not at all, Rémy. In fact, you might find a surprise waiting for you in Paris.
Rémy: Oh? **You know something I don't**?
George: Well, I can't say yet, but something's **in the pipeline**, for sure.
Rémy: Ah! Well! That makes going home easier!
George: Did Jenny explain the **stop-over** in London?
Rémy: A little. But I would have stopped over anyway. I like to stay in touch with the London people. They're a good team. We work together pretty often.
George: Yeah, well, I'm not surprised. They're a successful **outfit**. So? You ready to fly out?
Rémy: Yeah, pretty much. Well... I guess I'll be seeing you George.
George: Yeah, Rémy. (*gives him a warm handshake*) **You take care now**!

Rémy leaves. He doesn't mind leaving usually. But this time, it feels different. It feels like he's leaving home. He feels unusually sentimental, very ***unlike himself****...*

VERBS

- state: énoncer, déclarer, affirmer
- *notify*: notifier
- firing: licencier
- *dead*: mort (to die)

VOCABULARY

- Hassles: casse-têtes, problèmes
- card number: numéro de carte
- current: actuel
- maiden name: nom de jeune fille
- both: les deux
- anywhere else: autrepart
- what was the point of asking: mais alors pourquoi poser la question
- lady: *ma petite dame (aggressif)*
- plastic: les cartes de crédit (plastic money)
- Paper money: argent en espèces
- is out: c'est fini / dépassé
- work address: adresse professionnelle
- *Headquarters*: siège d'une entreprise
- *calling cards*: cartes téléphoniques
- *membership*: adhésion (*à une association*)
- Time sure flies: qu'est-ce que le temps passe vite
- losses: pertes
- with flying colors: un franc succès
- brand new: tout neuf
- asset: avantage, actif
- You know something I don't: tu es au courant de choses que moi je ne connais pas
- in the pipeline: en cours de préparation
- stop-over: escale
- outfit: structure, ensemble
- You take care now: fais attention à toi, bonne continuation
- *unlike himself*: il ne se reconnaît pas

HARD TALK

At a restaurant that night. Rémy ***toys*** *with his* ***after-dinner*** *coffee, Jade with her* ***decaf****.*

Rémy: Jade?
Jade: Yeah…
Rémy: I, uh… Well, I, uh…
Jade: (*smiling*) *Don't* Rémy. You don't have to!
Rémy: I don't have to *what*?
Jade: You know. I know you're a good guy, I know you feel the need to understand and explain things… But I don't. I know we have ***lives*** in different cities! So you don't have to make me feel like I'm ***special* or anything**… Or tell me some sentimental **sob-story**! I'm a big girl! I **can handle** it!
Rémy: Jeez! You have an answer for everything, don't you? Wow!
Jade: Not so! I'm just **making it easier** for you. Men think women *want* that stuff, but I don't! We had a great time, at least *I* did…
Rémy: So did I!
Jade: **Well then**! We **had a lot of laughs**, but now it's time to get back to reality. You know what they say… ***We'll always have Paris***! (*laughs*)
Rémy: You're incredible! You're the first woman who interrupts me all the time but **who** I actually listen to! The first woman I can talk to, **relate to**, have **Zen sex** with, *using flavored condoms*, and you're the only one I can laugh with, even **fight** with, and *still* want to see the next day!
Jade: (*smiling warmly*) Well, thanks. That's sweet. But…
Rémy: So isn't it *nice* to have that?
Jade: Yes!
Rémy: And don't you see how hard it is for me to *admit* that?
Jade: (*laughing*) Yes, but what do you see ahead except **dead-ends**? It's a **weird** situation… You live there, I live here. I mean at our age, who the hell believes in romance, huh? I don't.
Rémy: Wow. I never thought I'd be on *this* side of things!
Jade: Well! All I'm saying is, let **things take their course**! Why define everything? I know Americans like to have things **worked out** and calculated. But I don't. I **shoot from the hip**. And my instinct tells me this thing is going to **go round in circles**!
Rémy: So you don't feel *anything*…
Jade: I didn't *say that*! It's *life* I'm talking about! *Real life*!

There is a ***pregnant pause****.*

Rémy: Well, of course you're right. But…
Jade: All I'm saying is, let's **let things take care of themselves**! Right?
Rémy: Right! **I'm with you**!

But Rémy is ***strangely put off****. He finds Jade* ***overly*** *pragmatic. And yet he cannot* ***deny*** *she*

VERBS

- *toys*: joue avec
- relate to: comprendre, partager des choses avec
- fight: se quereller
- worked out: bien défini, planifié (to work something out: résoudre, organiser, *boucler*)
- *deny*: nier (to deny: dénier, nier, démentir)

VOCABULARY

- Hard Talk: une discussion difficile, sérieuse
- *after-dinner*: (*qui est pris*) après le dîner
- *decaf*: déca
- *lives*: vies
- *special*: que je suis qqun d'important pour toi (NB : special en anglais a une signification positive)
- or anything: *et tout et tout…*
- sob-story: une histoire mièvre
- can handle: je peux le supporter
- making it easier: je te facilite la tâche
- Well then: et bien voilà !
- had a lot of laughs: nous avons bien rigolé (*expr. idiom. nous nous sommes bien amusés*)
- *We'll always have Paris*: nous aurons toujours (*nos souvenirs de*) Paris… (*expr. idiom.* pris du film *Casablanca*)
- who: que (on devrait dire *whom* I listen to; mais c'est une de ces règles qui disparaissent; de dire whom est aujourd'hui considéré comme *légèrement* ringard)
- Zen sex: sexe selon les pratiques du Zen (à ne pas confondre avec l'expr.: *être Zen…*)
- dead-ends: voies sans issues
- weird: bizarre
- things take their course: laisse les choses prendre leur cours
- shoot from the hip: agir instinctivement, sans hésiter
- go round in circles: tourner en rond
- *pregnant pause*: un silence parlant
- let things take care of themselves: laisser les événements prendre leur cours
- I'm with you: je suis d'accord, je te suis, pas de problème
- *strangely*: bizarrement
- *put off*: découragé, dégoûté
- *overly*: trop (US), excessivement

is right. Once again, he is ***confused*** *about his feelings. Is it his ego* ***that's hurt****? Would he have preferred to be pragmatic and have Jade* ***clinging*** *to him, even* ***weeping*** *perhaps? Would that have made him* ***feel more like a man****? And what about him? Is he* ***in love with*** *Jade? Or does he want her to be in love with him? Is he irritated she doesn't want him? Or because she won't say what she's feeling? Or because she's always frustratingly right?*

Rémy: Ah whatever! I can't figure the thing out…

Another unpleasant pause.

Rémy: Will I see you before I leave?
Jade: Sure! I'll **drive you to** the airport if you like!
Rémy: Do you want to?
Jade: **Honestly**?
Rémy: Of course!
Jade: No… I hate **soppy airport goodbyes**…
Rémy: Yeah. Me too. So it's better we say goodbye tonight, I guess.
Jade: Or tomorrow morning.
Rémy: Um, my back is still out… I *can't really*…
Jade: (*laughing*) Oh right, I forgot! Well then, I guess it's tonight!

There is a moment of sudden ***awkwardness****. Rémy doesn't know if he should express how* ***utterly rotten*** *he feels. He decides to* ***hold back*** *because he is not sure of Jade's feelings. He* ***suspects*** *she* ***feels the same as he does****, but is afraid to express herself. So he* ***lets it go****. They spend the rest of the meal in an* ***embarrassed*** *silence. What does it mean? He gives up trying to think about it. He decides to* ***go with the flow****.*
Later, outside the hotel, they kiss awkwardly, like friends, a short casual kiss. But Rémy is ***torn****. Should he* ***speak up*** *or shouldn't he?*

Jade: Well, Rémy. I guess I'll see you soon. (*she touches his face* ***affectionately***) **Keep in touch**!
Rémy: Yeah, you too. Bye!

He closes the door and walks up to his room, ***dejected****. Jade drives away. He has no idea how she feels, he would like to call but* ***doesn't think there's any point****. What would he say?*

VERBS

- *clinging*: se coller à lui, lui pendre au cou
- *weeping*: pleurnicher (to cry: pleurer)
- *hold back*: se retenir, se contrôler
- *suspects*: soupçonne
- *speak up*: dire sa pensée, s'exprimer, parler franchement

VOCABULARY

- *confused*: perdu, perplexe
- *that's hurt*: qui est blessé
- *feel more like a man*: se sentir(*ait*) plus comme un homme
- *in love with*: amoureux de
- drive you to: t'accompagne
- Honestly: honnêtement
- soppy airport goodbyes: les adieux difficiles dans les aéroports (soppy: sentimental, *à l'eau de rose*)
- *awkwardness*: gêne
- *utterly*: totalement
- *rotten*: déprimé, triste, anéanti (rotten: pourri)
- *feels the same as he does*: ressent la même chose que lui
- *lets it go*: le laisse passer / tomber
- *embarrassed*: gêné
- *go with the flow*: suivre le cours des choses (*être Zen*) (*expr. idiom.*)
- *torn*: tiraillé
- *affectionately*: affectueusement
- Keep in touch: on s'écrit, on se parle (to keep in touch: garder le contact)
- *dejected*: découragé, abattu, triste
- *doesn't think there's any point*: n'en voit pas l'utilité (there's no point: ça ne sert à rien, ce n'est pas la peine)

LONDON

At the airport. Rémy walks out and sees a beautiful woman waiting with a ***sign*** *and his name on it. He approaches and* ***extends his hand****.*

Rémy: Hi! I'm your victim! Rémy de la Barbe.

They shake hands.

Woman: Hello! I'm Diya Samsara! New Sales Manager for the UK and Ireland.
Rémy: Delighted! You **replaced** Peter Mann?
Diya: **Quite right**, yes. He wasn't good enough! (*laughs charmingly*)
Rémy: Well, **you won't get any complaints from *me***!
Diya: Is that all the luggage you've got?
Rémy: Yes…

They walk.

Rémy: It's wonderful to hear your crisp English accent. I've been in California too long.
Diya: Oh I wouldn't mind a little California myself! All that sun and sand…
Rémy: Yes, well. **It wasn't all fun and games**, I can assure you.
Diya: No, **quite**! Um, my car's underground; so it's probably best we go this way, take the **lift**.
Rémy: Sure! So, how long have you been with the London office, Diya?
Diya: Oh a **few** weeks now. I used to be at the Asian office in Hong Kong.
Rémy: You're of Asian origin, aren't you? Or is that too **indiscreet of me**…
Diya: Oh no! It's **quite all right**! Everyone asks. People can't seem to accept a multiracial world! Yes, I'm from India originally.
Rémy: Ah, of course! India and its beautiful women.
Diya: France and its flatterers!
Rémy: ***Touché***! (*laughs*) But you know, people ask *me* where *I'm* from all the time.
Diya: Yes, but not in your *very own* country, **do they**… I mean it's not *quite the same thing* **is it**… **Not that I** *want* to be normal, whatever that is…
Rémy: Oh no! *Normal* is boring!
Diya: (*smiling*) Um, so did you have nice weather out in California?
Rémy: Sure. You know how it is…
Diya: Right. We've only got London **drizzle** for you, **I'm afraid**…
Rémy: Oh, I **wouldn't expect anything less**…
Diya: Was it a **direct flight** or did you have to **transfer**?
Rémy: No, it was direct. Listen, it's very nice of you to come and get me at the airport. Can I make it up to you in any way?
Diya: (*laughing*) Oh no, it's no trouble at all.
Rémy: Well, I mean, I can't get to a **happening** city like London and just go to my hotel. Would you mind having a drink with me?

Diya: All right then. There's a nice **pub** round the corner from your hotel. We could go there for the *typical London experience*!

Rémy: Perfect. I...

Diya: Sorry, I just need to concentrate here... I haven't driven on the **motorway in ages**...

Rémy: Oh sure! **Don't mind me**...

He looks at her. She is charming, beautiful and relaxing. How nice, he thinks, to be with a pleasant relaxing woman. Yes, indeed, how nice...

VERBS

■ replaced: remplacé

■ I'm afraid: je crains que (très idiomatique, GB)

VOCABULARY

● *sign*: panneau

● *extends his hand*: tend la main

● Quite right: absolument, voilà (NB : très *British*)

● you won't get any complaints from *me*: c'est pas moi qui vais me plaindre

● it wasn't all fun and games: ce n'était pas toujours une partie de plaisir

● quite: effectivement, c'est sûr, j'imagine

● lift: ascenseur (GB)

● few: quelques

● indiscreet of me: indiscret de ma part

● quite all right: aucun problème, ça ne me dérange pas, c'est pas grave

● *Touché*: Bien dit ! (*pris du vocabulaire français d'escrime*)

● do they: si ? (très GB, d'ajouter le sujet-verbe inversé comme ça à la fin de la phrase ; comme si la phrase en fait était : *they don't do it* in your very own country, *do they*?)

● is it: si ? (voir la remarque précédente)

● Not that I: même si je ne veux pas (*être normale*)

● wouldn't expect anything less: je ne m'attendrais à rien de moins

● drizzle: le crachin

● direct flight: vol direct

● transfer: une correspondance (US: to have a connection/connecting flight)

● happening: *branché*

● pub: bar à l'anglaise (orig.: public house)

● motorway: autoroute (US: highway)

● in ages: (*depuis*) des lustres

● Don't mind me: ne faites pas attention à moi, ne vous gênez pas pour moi

LONDON IN THE EVENING

Rémy walks with Diya. They spot a policeman.

Rémy: (*pointing*) And that's what you call a **bobby**, right?
Diya: Right. Not quite the gun-carrying American *cop*, is he?
Rémy: Oh *please*, don't *mention* them…
Diya: Well, here we are. A typical English pub.

They go in.

Rémy: They **serve things to eat** here too, right?
Diya: Oh yes, but only if you like that sort of thing. It's typical Pub food… **Scotch eggs, sausages and baked beans, egg and chips, steak and kidney pie, Shepherds' pie**… That sort of thing… Not the healthiest fare, I'm afraid.

They order a ***lager each****.*

Diya: Cheers!
Rémy: Right! Here's to London! So what do you do on weekends? Do you have an active **nightlife**? I haven't been here in ages…
Diya: Oh yes! I find London's remarkably cosmopolitan and diversified now. There are fine international restaurants, **nightclubs**… *And cable television*!
Rémy: (*laughs*) Ah! Then you must be married? I mean, if cable tv is *entertainment*…

Diya laughs and holds up her hand.

Diya: **Guilty as charged**. (*laughing*) Terrible isn't it?
Rémy: Why?
Diya: Oh, I don't know… It's what most of my friends say. They say it's **beastly luck** I'm married. (*laughs*)
Rémy: Oh, well then, I agree with them! Because for one thing, it means you're probably not free for dinner this evening…
Diya: Well! It's funny you should *mention* that because I *was* going to suggest… I mean, if you're not too tired…
Rémy: Who me? Tired? **Not on your life**…
Diya: Well then. I was thinking I might take you on a little tour and then to a nice *Indian* restaurant…
Rémy: Sounds perfect… But only if you have the *time*… I mean, I wouldn't want to impose…
Diya: Oh no! Besides, I do have an **ulterior motive**, you know…
Rémy: (*intrigued*) *Oh?*
Diya: Yes! I've heard all about your success in California, and I'd like to **pick your brains** a little! See what I can **dig up**…
Rémy: **Oh no, you don't**! I'll give you all the information you want, but not tonight! Tonight I'm a **dumb** tourist! **No more no *less***!

VERBS

- serve: servent
- dig up: creuser, trouver

EN SAVOIR PLUS

Un des aspects les plus frappants de l'univers musical londonnien contemporain est son caractère hybride. Les influences venant de régions aussi diverses que l'Asie du Sud-Est ou la Caraïbe se mêlent aux accords dominants pour créer un cocktail remarquablement original. Dès lors, dans certains clubs de la capitale, il n'est pas rare d'entendre, dans un même morceau, les sonorités du bhangra, genre musical venu du Pendjab, mis en boucle sur une base hip hop. Ce mélange hybride est l'expression d'une identité immigrée, affirmée face au racisme. Des groupes, tels qu'Asian Dub Foundation sont à l'avant-garde de cette nouvelle mouvance musicale.

VOCABULARY

- Bobby: le policier (*argot*) à Londres
- things to eat: des choses à manger
- Scotch eggs: des œufs durs frits dans d'une pâte épaisse (*plat écossais*)
- sausages and baked beans: saucisses avec des haricots blancs dans une sauce tomate, typique GB
- egg and chips: œufs frits et frites (chips: GB: frites ; US: *chips*)
- steak and kidney pie: tourte au bœuf et au rognons
- Shepherds' pie: hachis parmentier
- *lager:* bière pression (GB *argot*)
- *each* : (*une bière*) chacun
- nightlife: la vie nocturne
- nightclubs: boîtes de nuit
- Guilty as charged: oui, j'en suis malheureusement coupable (*expr. idiom.*)
- beastly luck: c'est vraiment dommage
- Not on your life: pas du tout, jamais de la vie
- ulterior motive: (*avoir*) une idée derrière la tête
- pick your brains: *litt*: piquer dans votre cerveau (*expr. idiom.* US)
- Oh no you don't: ah non ! pas ça ! (*expr. idiom.*)
- dumb: idiot (US) ; muet (GB)
- No more no *less:* ni plus ni moins

THE DRIVE

They are in Diya's car, taking a tour of the city.

Diya: Right! So that, of course, is **Buckingham Palace**. And that is a **tube** station.
Rémy: But where are the **Beefeaters**?
Diya: Oh, they're at the **Tower of London**.
Rémy: Unfortunate name, don't you think, *Beefeaters*?
Diya: (*smiles*) Yes, I never **thought much of** it, myself...
Rémy: What's the crowd gathered for?
Diya: Oh, probably for the **changing of the guard**. It's a famous ritual.
Rémy: And is Hyde park **over that way**? With its **soap box orators**?
Diya: Yes. It's what I like about London: its parks and **commons**.
Rémy: Oh, me too. Even though **I'm** a **workaholic who never has** the time for them. But what about **Big Ben**, **Whitehall** and **London Bridge that *isn't* falling down**? Aren't you going to show *them* to me...
Diya: My goodness! You're not the **run of the mill** tourist, are you? You *know* everything!
Rémy: No, not really...
Diya: Oh, Southhall is that way. It's where...
Rémy: ...all the Indians live... I know. Is that where we're going for dinner?
Diya: No. The restaurant is near Soho actually. And over there is...
Rémy: Westminster Abbey, the **wax museum** and Piccadilly Circus. What's the museum called?
Diya: **Madame Tussaud's**.
Rémy: Oh, right. Never liked wax museums myself.
Diya: Oh, I **didn't either**! I used to hate going there **as a child**.
Rémy: (*spotting something*) I must say I like **double-decker** buses though. They're so ***bloody*** *English*...
Diya: (*chuckling*) Well, we can **drop off** this car and **hop onto** a double decker if you like!
Rémy: **Not a chance**. I'd much rather eat some **spicy** Indian food with a spicy Indian woman!
Diya: Well, then, you'd better go look for her!
Rem: (*confused*) Who?
Diya: Your *spicy Indian woman!*
Rémy: (***flustered***) Oh no, I meant... Oh, forget it!
Diya: (*laughing*) It's all right. I'm only **teasing**.
Rémy: (*relieved*) Oh! Oh. Well, thank goodness!

VERBS

■ I *am* … who never has: je suis (*qqun*) qui *n'en profite* jamais (NB encore : I am + who est suivi du verbe conjugué à la troisième personne du singulier)
■ drop off: ramener
■ hop onto: monter (*dans* un bus) (onto: sur)
■ teasing: taquine

VOCABULARY

● Buckingham Palace: le palais de la famille royal anglaise
● tube: métro (UK: the underground) (US: subway)
● Beefeaters: gardes à la Tour de Londres
● Tower of London: Tour de Londres
● thought much of: je n'ai (*jamais*) vraiment aimé
● changing of the guard: la relève de la garde
● over that way: par-là
● soap box orators: orateurs de Hyde Park, qui montent sur une caisse pour haranguer les foules…
● commons: parcs
● workaholic: accro du travail, *abonné au boulot*
● Big Ben: tour avec une horloge très connue à Londres qui s'élève au-dessus du Parlement (pour être précis, Big Ben est le nom de la clo-che)
● Whitehall: siège des ministères et de l'administration
● London Bridge that *isn't* falling down: fait allusion à une chanson pour enfants: 'London bridge is falling down…' (*le pont de Londres s'écroule…*)
● run of the mill: moyen (*le touriste moyen*)
● wax museum: musée de cire
● didn't either: moi non plus (aux US on dirait: me neither)
● as a child: (*quand j'étais*) petite
● double-decker: (*bus*) à deux niveaux
● *bloody*: tellement (GB; *vulgaire*) (*Rémy le dit exprès, avec ironie*)
● Not a chance: ah non, jamais de la vie
● spicy: épicé
● *flustered*: gêné, confus

EN SAVOIR PLUS

Ces dernières années ont été quelque peu éprouvantes pour la famille royale britannique. Les sentiments du public anglais à leur égard sont mitigés. Pour certains, les *royals* sont les gardiens de la noblesse anglaise, pour d'autres, une source de nuisance et un fardeau pour le trésor public.

CHICKEN TIKKA

At the restaurant.

Diya: Are you sure this is all right?

Rémy: Oh! I love Indian food! **Tandoori, tikka, nan**...

Diya: (*smiling*) Oh **by the way**, if you really want to go **nightclubbing**, I could always introduce you to some inveterate **clubbers** at the office.

Rémy: Oh no, I was only asking. **Raves** and dancing are not really **my thing**. I don't like to be in places where I **can't hear myself think**...

Diya: Oh.

They order.

Rémy: But you know what I *might* like to do... Is **go to the theatre**. **Because that's what London is famous for**, isn't it? Its **plays**?

Diya: Well, London is famous for many things! Its **music scene**, its **punks**, **mods**, **skinheads**, **immigrants**, **pop stars**, **Covent garden**, **Royal Albert Hall**, **race riots**... (*smiling*)

Rémy: *Funny*. But tell me one thing, is it **expensive** to go out here?

Diya: Well, the **underground**'s exhorbitant, although **it's not as if you'd *take* it**...

Rémy: Funny *again*!

Diya: (*laughing*) No, seriously... You pay for each station you go to. That's not how it is in Paris, is it?

Rémy: No. And what about **tickets** to the theatre and **movies?**

Diya: Oh, quite expensive, both the **cinema** and the theatre. And we don't have as many **concessions** as you do in France, I believe. No, an evening **out on the town** can **add up to quite a bit**.

Rémy: Aw, but **what the hell**! It's London **for God's sake**!

Diya: (*laughing*) Exactly! It's ***bloody London, it is***!

Rémy: Oh, what's that, **Cockney** English?

Diya: Yes, it is. I can't **get anything past you** can I?

Rémy: Not really... But tell me, London's very cosmopolitan now isn't it?

Diya: Oh yes. There are Indians, **Pakistanis**, **West Indians**, **East Africans**, Chinese, and now more and more *French* people! Lots of French *DJ's* in London.

Rémy: Oh of course! **Turning the tables on you** huh? Ha ha!

Diya: (*shaking her head*) Oh! **Quite the punster, aren't we**!

VERBS

■ add up to: s'ajouter, s'accumuler pour

■ nightclubbing: sortir en boîte

VOCABULARY

● Tandoori, tikka, nan: des plats indiens (*regarder le lexique*)
● by the way: au fait
● clubbers: les personnes qui sortent régulièrement en boîte
● Raves: les 'raves'; phénomène techno…
● my thing: mon truc
● can't hear myself think: où on n'entend rien (litt: *où je ne m'entends pas penser*)
● go to the theatre: aller au théâtre
● Because that's what London is famous for: parce que Londres est connu pour cela (en anglais, on *peut* terminer une phrase par une préposition)
● plays: pièces de théâtre
● music scene: sa scène musicale (the rap *scene*, the punk rock *scene*…)
● punks: les punks
● mods: un mouvement comme les punks (*les mods et les punks se détestent*)
● pop stars: vedettes de la musique pop
● Covent Garden: quartier de marché ouvert très connu, entouré de théâtres
● Royal Albert Hall: grand théâtre à Londres
● race riots: émeutes, violences raciales
● expensive: cher, coûteux
● underground: métro (GB)
● not as if you'd take it: c'est pas comme si tu le prenais (le métro) (*Diya aussi fait preuve d'un humour grinçant*)
● tickets: places, billets, tickets
● movies: au cinéma (US)
● cinema: au cinéma (GB)
● concessions: réductions
● out on the town: sortir (*en ville*)
● can add up to quite a bit: ça peut revenir assez cher
● what the hell: oh et puis après tout
● for God's sake: au nom de Dieu (on est à Londres *quand même*)
● *bloody London, it is*: c'est quand même Londres, non ? *Merde* ! (it is: façon de répéter le sujet et le verbe à la fin de la phrase; *très argotique* GB)
● Cockney: accent/dialecte de la classe ouvrière de Londres
● get anything past you: tu ne rates rien, tu sais tout
● Pakistanis: Pakistanais
● West Indians: Antillais
● East Africans: de l'est de l'Afrique
● Turning the tables on you: jeu de mots entre turntable (platine de DJ) et *l'expr. idiom.* to turn the tables on: changer de jeu, se retourner contre qqun
● Punster: qqun qui fait beaucoup de calembours, jeux de mots
● Quite the punster aren't we: un vrai clown (litt: *personne qui fait des calembours*), on dirait… (le we ajoute le ton ironique)

CATCHING UP ON WORK

Rémy in the London office. He has made a presentation and is now catching up with some some work, writing some letters…

Dear George,

Let me first thank you and Jenny for your **warm** and sincere support during this trip. Although you assured me I had nothing to worry about, I won't deny I was fairly **anxious** when I arrived. So thanks again for your moral support and Jenny's efficient help. It made a huge difference.

I write this to you from London, where I have made a brief presentation about the San Francisco **meetings** and their **outcomes**. Of course all the **data** was presented from my point of view, but we were able to share some important facts I believe, and generate some useful synergies.

I hope you and Doris can make it over to Paris some time. It would be a pleasure for me to show you around the city and maybe **get in** a good golf game or two !

Well, that's all from this part of the world. Do keep me **updated** and I hope to see you again in less **strained** circumstances !

Regards,
Rémy

He opens another document for an email.

Dear Jade,

Guess who ? I left you a message on your **voice-mail**, I don't know if you got it.

I have to say I miss you. I can't help it. Maybe **that's saying too much** and maybe it's something you don't want to hear, but I do think of you often and I miss you. **There** ! *I said it* !

I hope we can meet again soon. You know what they say, ***don't know where, don't know when***… But it would be nice.

Love and kisses,
Rémy

He ***hesitates****. Then just as he is about to* ***erase*** *it,* ***grits his teeth*** *and* ***clicks on send****,* ***regretting*** *it immediately afterwards.* **If only** you knew your feelings, Rémy, *he says to himself.* If only you knew your feelings…

VERBS

- get in: inclure, faire glisser
- updated: tenez-moi au courant (to update: mettre à jour)
- *hesitates:* hésite
- *erase:* effacer
- *regretting*: regrettant (au sens de *regretter d'avoir fait qqch*)

VOCABULARY

- Let me first: laisse-moi tout d'abord (*permettez-moi*)
- warm: chaleureux
- anxious: angoissé
- smoothly: s'est bien passé (smooth: lisse, sans problèmes)
- meetings: réunions
- outcomes: résultats
- data: données, informations (reste au singulier en anglais)
- strained: difficile, tendu
- Regards: salutations sincères (regards: vœux)
- Guess who: devine-qui
- voice-mail: messagerie téléphonique
- that's saying too much: c'est trop dire
- There: voilà !
- *don't know where, don't know when:* je ne sais où, je ne sais quand (allusion à une chanson: we'll meet again, don't know where, don't know when…)
- *grits his teeth:* serre les dents (*pour montrer la détermination*)
- *clicks on send* : clique sur 'envoi' (*courrier électronique*)
- If only: si seulement…

RETURNING

Airport.

Rémy: Well, Diya. It's been a delightful little trip, I must admit. And **largely** thanks to your help…

Diya: Oh no, it's *you* I should thank! It's been tremendous listening to your ideas at the meetings! We've all learned a great deal, I think.

Rémy: (*shaking her hand*) Well, if you ever **drop** your husband *and* come **looking for a job**, let me know!

Diya: (*laughing*) Right! That sounds *vaguely* like **sexual harassment** but I'll certainly **keep you posted**!

Rémy: Oh! That's my **boarding announcement**. Damn! I won't even have time to steal that free **business-lounge** food…

Diya: (*smiling*) Oh dear! Life *is* **rough** isn't it?

Rémy: (*smiling*) Well, goodbye then, and once again, **thanks a bunch**!

Diya: You're welcome Rémy! And have a good trip!

He ***boards*** *the plane. Hears the announcements to* ***fasten seat belts*** *as well as the proverbial* ***safety precautions*** *but as if in a dream. Something has just hit him. He has always enjoyed going home, but this is different; he feels like he'd rather go anywhere but back to Paris. The stewardess walks by and* ***hands*** *him newspapers. He takes two or three of them but* ***absentmindedly****. He even* ***leafs*** *through them all, but* ***halfheartedly****.*

Back home*, he finds a message on his* ***answering machine*** *asking him to go straight to work* ***as*** *there is urgent business to attend to. It is Friday afternoon, he would have* ***preferred*** *to* ***take the evening off****. He is upset he can't even relax, but on the other hand, prefers to get straight into the* ***thick of things****. His business curiosity is* ***aroused*** *by this strange new problem his secretary has explained nothing about. He takes a quick shower,* ***leaps*** *into his car, and drives to work.*

VERBS

- *drop:* laisse tomber, largue
- *boards:* embarque (to board a boat, plane: embarquer)
- *fasten:* attacher (ceintures)
- *hands:* donner, passer (to hand, to hand out: distribuer)
- *leafs* : feuillète
- *preferred:* préféré
- *aroused:* éveillé (to arouse: éveiller) (to be aroused: être excité *sexuellement*)
- *leaps:* saute

EN SAVOIR PLUS

Les poursuites judiciaires pour harcèlement sexuel sont aujourd'hui beaucoup plus répandues que par le passé. Certains pensent que l'on exagère aux États-Unis. D'autres considèrent au contraire qu'on en fait pas assez. Les premiers dossiers les plus marquants ont été celui de Anita Hill contre le juge Clarence Thomas dans les années 80 et ensuite de diverses jeunes femmes contre des télévangélistes connus pour leur *probité exemplaire*. Seulement Clarence Thomas en est sorti indemne, devenant ensuite juge à la Cour Suprême. Ainsi, bien avant le célèbre dossier *Monica Lewinsky*, ce sont ces poursuites hautement médiatisées qui ont *scotché* les Américains à leurs téléviseurs sous couvert de *traitement de questions morales*.

VOCABULARY

- Largely: en grande partie
- looking for a job: chercher un boulot
- sexual harassment: harcèlement sexuel
- keep you posted: je te le ferai savoir, je te tiendrai au courant
- boarding announcement: annonce d'embarquement
- business-lounge: salon pour la classe affaires
- rough: dûr, difficile, rugueux (texture)
- thanks a bunch : merci *beaucoup* (a bunch: une botte, un bouquet) (thanks a lot, a million, a bunch, a bundle…)
- *seat belts:* ceintures de sécurité
- *safety precautions:* consignes de sécurité
- *absentmindedly:* de manière absente, tête en l'air
- *halfheartedly:* quand son cœur n'est pas dans une action, à moitié
- *Back home:* une fois rentré, chez lui
- *answering machine*: répondeur
- *as*: comme (*parce que*)
- *take the evening off:* prendre sa soirée (to take a day off: prendre un jour de congé)
- *thick of things*: au cœur de l'action, dans le vif du sujet

BREAKING NEWS

Rémy **rushes** *into his office. His assistant Anne looks up at him with a smile.*

Anne: Hi, Rémy! Welcome back! I'm sorry I left that message for you, but there seems to be a very urgent letter for you in there… Came in this morning… But George has called *three times* already from San Francisco **wondering** if you've got a response for him.

Rémy is intrigued. He remembers George saying something about a new life…

He goes into his office, closes the door and **tears open** *the package. He reads…*

Dear Rémy,

I was not able to tell you this officially while you were in San Francisco, but our directors have been consistently **impressed** with your high-level performance in Paris.

In fact, this has led them to offer you a new **position** in the company which we've been **looking to fill** **for a while now**. The new person would be my new **boss**, if you will, although I am about to **retire**! If you are interested, you would be managing Sales and Business Development **worldwide** (formally the title would be: *Executive Vice President, Global Business Development*). In other words, you would be **spearheading** business in large accounts but also smaller strategic accounts in new business areas.
We have been looking at various profiles for the job, and of course, your name **came up** even before you visited us here.

Since then, needless to say, things have moved fast. This is a new position, and the company **is keen to** offer it to you. However, I will need you first to tell us if you are willing to **relocate** to San Francisco ; second, if you are willing to come over and discuss **terms** (**salary**, **benefits**, the whole package).

I know relocation shouldn't be a problem for you as you are our most adaptable and cosmopolitan manager! I also think this is a new position that could really satisfy your creative nature. An **opportunity of a lifetime** in other words!

CUC needs you, but you are free to make your decision. Just let me know *urgently* what it is!

VERBS

- *rushes* : se précipite, court (to rush : faire vite, se dépêcher)
- wondering : se demandant
- *tears open* : déchire (*pour ouvrir*)
- looking to fill : cherchons à remplir
- retire : partir à la retraite
- spearheading : mener de front
- came up : s'est présenté, est apparu
- relocate : déménager (surtout dans un contexte d'affaires, professionnel)

EN SAVOIR PLUS

Aux États-Unis, les prestations sociales sont un sujet de polémique mais seulement pour les plus pauvres et ceux qui ont le malheur de choisir une profession libérale (autre que médecin ou avocat !). Dans certains États du pays, les femmes indépendantes (*self-employed*) sont obligées de se bricoler une épargne pour leur maternité qui n'est pas couverte ou alors sous des conditions draconiennes. Souvent, il n'y a qu'un hôpital par ville qui acceptera des « indigents », c'est-à-dire ceux qui n'ont aucune couverture sociale. Bénéficier de prestations sociales garanties par l'État est considéré aux États-Unis comme du *parasitisme*, contraire à toute notion *saine* de *rêve américain*.

VOCABULARY

- Breaking News: la dernière dépêche, dernières nouvelles, nouvelles toutes fraîches
- impressed : ravis, contents (rarement *impressionné*...)
- position : poste (*dans une société*)
- for a while now : depuis un moment
- boss : patron
- worldwide : à travers le monde
- is keen to : voudrait vraiment, tient à
- terms : termes d'un contrat d'emploi
- salary : revenus
- benefits : prestations de protection sociale fournies aux US par l'employeur, pas par l'état
- opportunity of a lifetime : occasion de rêve, qui ne vient qu'une fois dans la vie

SHOCK

Rémy is in shock. Some part of him is ***jubilant*** *because he almost* ***suspected*** *this ; it is almost as if some part of him* wanted *something like this* ***deep down:*** *a new life, a new* ***relationship****, new challenges… And yet, he is also is deeply comfortable with his life here and does not want to leave. Paris is after all his home.*

He sits down and ***drafts*** *a letter.*

Dear George,

I have to say I am *very* **pleasantly surprised**, even **honored** by the company's offer. Please thank all those who have **thought me capable** of this new position and offered me the opportunity to meet the new challenges it brings.

Certainly it is hard to think of relocating at my age. And yet *what better age* to **start afresh**? At an age when most men are settling into a dull routine and getting bored with their lives, I am being offered, *as you said*, the opportunity of a lifetime! So no, I cannot deny it is exciting and indeed, corresponds to everything I believe in and desire in my life, which is *to* ***move forward*** *at all costs.*

So you are right, relocation is not a problem for me. I would like however to know what I would **gain** in terms of *real* advantages over my life-style and position here. And so I think a meeting is certainly necessary, **if only for me to understand** how the company **views** this position and how they think I can contribute to it. I myself would need to understand details before I embark on any real journeys, be they literal or **figurative**!

So my answer to both questions is **in the *affirmative***. Please let me know when you plan to **schedule** these meetings. I have already **been away** a long time. I need to **look out for** my people here too!

Thank you again,

Sincerely,

Rémy

VERBS

- *suspected* : soupçonné
- *draft* : rédiger
- *move forward* : avancer (forward : devant, au devant)
- gain : gagner, bénéficier
- views : voit (to view : voir, parcourir)
- schedule : planifier, prévoir (*dans le temps*)
- look out for : *m*'occuper de, protéger leurs intérêts

VOCABULARY

- *jubilant* : triomphant
- *as if* : comme si
- *deep down* : au fond de (*lui*)
- *relationship* : relation, rapport
- pleasantly surprised : (*c'est*) une belle surprise
- honored : c'est un honneur
- thought me capable : qui ont considéré que j'étais à la hauteur
- start afresh : repartir à zéro
- if only for me to : si ce n'est que pour me permettre de
- figurative : au sens figuré
- in the *affirmative* : affirmatif
- been away : j'ai été loin, je suis parti
- Sincerely : sincères salutations

BEGINNINGS AND ENDS

It is a sunny Saturday morning and Rémy is in his **silk pyjamas** *and* **designer dressing gown***. He is sitting, hair* **tousled***, gown open,* **stunned** *at how rapidly his life is changing. It doesn't* **seem right***. He hasn't thought of living in the States for years. And yet, he knows this is an excellent offer, it would give him just what he needs to* **get ahead** *at this stage in his life. He needs something like this to help him* **fulfill** *his capacities and* **actualize** *his ambitions. Besides, the company is young and* **hungry***, it* **values** *the* **input** *of its employees. So as long as he* **plays his cards right** *with the* **employment package***, everything should work out fine. But there is…* The other thing…

Rémy knows he cannot let himself **get carried away** *about it. She has been secretly* **gnawing** *at his heart and making him* **restless** *in spite of himself. He is no romantic, and although it is exciting for him to think he could* **pursue** *his relationship with the beautiful but elusive Jade, he is also* **aware** *of the dangers. What if it doesn't work out? What if it* **wasn't meant to happen** *; after all, they both knew they wouldn't see each other again. No, he must be* **careful***. He mustn't take the job for the wrong reasons and then find out it was a mistake…*

If he only knew how she *felt about it. About* him*! She hasn't replied to his mail and he sees that as a sign.* **But then again***, she was supposed to travel, she might quite simply not have received it yet…*

His **intercom buzzes***. He is* **disturbed** *; who could it be on a Saturday morning? He gets up and goes to the door. But nothing happens ; there is no one there. He sits down again. The concierge must have got to whoever it was, he tells himself.*

He hears a ring. This time it's his **doorbell***. He gets up* **irritably** *and opens it. His* **jaw drops open** *when he sees who it is.*

Rémy: ***J… Ja… Jade***?
Jade: Yeah! **Here**!

She hands him a bottle of champagne.

Jade: Well! Come on! *Take* it!

Rémy takes the bottle but still stands **speechless***,* **motionless***.*

Jade: Well, you said in your letter that you missed me? So I thought I'd **drop by** and **see for myself**!
Rémy: I… I can't… I simply can't *believe*…
Jade: Well? Aren't you even going to **ask me in**?

He **grabs** *her hand and pulls her in.*

Jade: Careful. I'm not wearing any **underwear**…
Rémy: (*laughing*) Oh, Jade! JADE! You **make me crazy**!

Jade: Hey! I told you I work on instinct! Surprise and instinct are **my best features**! What do you think?

Rémy: Oh, I don't know *which* is your best feature Ms. Katt, but I think you're ***somethin' else***! **Here's lookin' at you, kid**!

He kisses her passionately and ***slams*** *the front door…*

THE END

VERBS

- *get ahead* : avancer (ahead: devant)
- *fulfill*: épanouir
- *actualize*: réaliser
- *values*: considère comme important, précieux
- *get carried away*: se laisser emporter
- *gnawing*: tracasser (litt: *mordiller*)
- *pursue*: poursuivre, continuer
- *buzzes*: sonne (*faire bzzz* !)
- drop by: passerais (*chez toi*)
- *grabs*: prend (to grab: prendre avec force, saisir)
- *slams*: claque (*la porte*)

VOCABULARY

- *silk pyjamas*: pyjamas en soie
- *designer dressing gown*: peignoir de grande marque (*de mode*)
- *tousled*: défaits (*cheveux*)
- *stunned*: étonné, abasourdi
- *seem right*: ne paraît pas normal
- *hungry*: avide de succès (to be hungry: avoir faim)
- *input*: apport, contribution
- *plays his cards right*: joue bien ses cartes, assure ses arrières
- *employment package*: les termes d'un contrat d'embauche (*y compris les fameux* benefits)
- *restless*: agité
- *aware*: conscient
- *wasn't meant to happen*: ne devaient pas arriver
- *(be) careful*: faire attention
- *But then again*: mais en même temps, cela étant
- *intercom*: interphone (aussi entry phone)
- *disturbed*: troublé
- *doorbell*: sonnette (*à la porte*)
- *irritably*: dans un état d'énervement
- *jaw drops open*: est bouche-bée
- Here: tiens !
- *speechless* : sans parler (*ébahi*)
- *motionless*: immobile
- see for myself: (*je voulais*) voir moi-même
- ask me in: me demander d'entrer
- underwear: sous-vêtements
- make me crazy: tu me rends dingue (you *drive* me crazy serait plus: *tu m'énerves*)
- my best feature: ce que j'ai de mieux
- *somethin' else*: t'es vraiment incroyable, un sacré numéro…
- Here's lookin' at you, kid !: réplique inoubliable de Humphrey Bogart à Ingrid Bergman dans *Casablanca*… Considéré comme le *summum* du romantisme…

RÉSUMÉ DE GRAMMAIRE 5

■ I'm the one who...

En anglais, I'm the one who… est suivi du verbe conjugué à la troisième personne du singulier…
I'm the one who is under attack : c'est moi qui *suis* attaquée.

■ Conditional Perfect

I would have bought a car if I had enough money: *j'aurais acheté* une voiture si j'avais assez d'argent.
I would have preferred sitting there but this is fine too: *j'aurais préféré* m'asseoir là-bas mais ici, ça va aussi.

■ Going to

Futur proche
I'm going to see if they have tickets: je *vais voir* s'ils ont des places.
She's going to study French: elle *va étudier* le français.

● Ever/never

Jamais…
I never eat meat : je ne mange *jamais* de la viande.
Have you ever eaten meat ? : est-ce que tu as *déjà* mangé de la viande ?
Will you work for me? Never ! : travaillerez-vous pour moi ? *Jamais* !

LETTRES

● Adresses et dates…

Au Royaume-Uni, vous mettez votre adresse en haut à gauche et l'adresse de votre destinataire en haut à droite (comme en France).
Aux États-Unis vous mettez *les deux* en haut à gauche, d'abord la vôtre, ensuite celle de votre destinataire.

La date se met *toujours* en haut à gauche *après* les adresses. On n'ajoute pas 'À Paris, le…'
Au Royaume-Uni la date est exprimée comme cela : 24-9-97 ou alors 24/9/97 mais en tout cas, avec le jour d'abord (comme en France).
Aux États-Unis la date est exprimée comme cela : 9-24-97 ou alors 9/24/97 avec le *mois* en premier.
On n'a pas l'habitude d'écrire le mois en toutes lettres.

● Si vous écrivez à propos d'un sujet précis :

RE : Your delayed payment on Loan No. Y 5467
'Sujet : …'

● Les formules pour démarrer une lettre :

Dear Mr. …, : Monsieur …
Dear Ms. …, : Madame …
Dear Sir, : Monsieur
Dear Madam, : Madame
Dear Sir / Madam, : Monsieur / Madame,
To Whom It May Concern : À qui de droit

● D'autres exemples :

Je vous fais parvenir ci-joint ma facture… :
Please find *enclosed* my bill/invoice…
Ou I *enclose with this letter*, my bill/invoice…

● Pour terminer :

En vous remerciant : Thank you,
Salutations distinguées… : Yours sincerely, Sincerely, Cordially, Regards, Best regards, Warmest regards
Le plus courant c'est: Sincerely, Regards

● La signature

La signature en anglais ne se met pas à la fin, mais avant le nom complet tel qu'il est écrit de façon *lisible* ou *imprimé*. Donc entre *Sincerely* et votre nom...

Ex. Thank you,
Sincerely,
(*signature*)
John Doe

Les détails manuscrits tels que le nom à la fin, la date, le 'lu et approuvé' du français *n'ont aucune valeur* en anglais. Vous devez *signer, ensuite taper* votre nom ou l'écrire de façon lisible. Inutile de remettre la date ; la date en haut de la lettre suffit généralement (bien évidemment, pour les documents juridiques les règles sont différentes). Enfin, rappelez-vous qu'une lettre *manuscrite n'a pas la même valeur* qu'en France. On préfère nettement les lettres tapées ou imprimées. Dans le monde anglo-saxon, même les lettres personnelles passent par la machine ou par l'ordinateur.

● Sur la ponctuation enfin...

On ne laisse pas d'espace avant le point-virgule, les deux points et les guillemets. On peut en laisser si on veut avant les points d'interrogation et d'exclamation...

LES VERBES

Les verbes réguliers sont conjugués au présent comme ceci :
- Infinitif : to meet (*rencontrer*).
- Présent : I meet, you meet, she/he *meets*, we meet, you meet, they meet.

En somme tout ce qui change, c'est à la troisième personne : he/she meets. On y ajoute un 's' à la fin.

Pour former l'Impératif, on garde le verbe à l'infinitif : to *meet* : *Meet* ! ex. *Meet my friend!*

Pour les verbes irréguliers, seul le verbe à la troisième personne (he/she) change de forme.

Pour les autres temps, référez-vous aux résumés de grammaire, car il s'agit tout simplement d'employer des verbes auxiliaires avec des participes présents et passés.

Verb	Simple Present	Present Participle (gerund)	Simple Past ; Past Participle
accelerate (to): accélérer	regular	accelerating	accelerated
accept (to): accepter	regular	accepting	accepted
account for (to): expliquer	regular	accounting for	accounted for
ache (to): faire mal (douleur)	regular	aching	ached
achieve (to): accomplir	regular	achieving	achieved
actualize (to): réaliser	regular	actualizing	actualized
add (to): ajouter, rajouter	regular	adding	added
admit (to): admettre, avouer	regular	admitting	admitted
agree (to): être d'accord	regular	agreeing	agreed
allow (to): permettre	regular	allowing	allowed
answer (to): répondre	regular	answering	answered
apologize (to): s'excuser	regular	apologizing	apologized
appear (to): paraître, apparaître	regular	appearing	appeared
appreciate (to): apprécier	regular	appreciating	appreciated
approach (to): s'approcher, aborder	I approach… she/he approaches	approaching	approached
arouse (to): éveiller	regular	arousing	aroused
arrive (to): arriver	regular	arriving	arrived
ask (to): demander	regular	asking	asked
assemble (to): s'assembler	regular	assembling	assembled
assure (to): promettre, assurer	regular	assuring	assured
avoid (to): éviter	regular	avoiding	avoided

Verb	Simple Present	Present Participle (gerund)	Simple Past ; Past Participle
await (to): attendre	regular	awaiting	awaited
bat (to): frapper la balle (baseball, cricket)	regular	batting	batted
be able (to): pouvoir	I can, you can, she/he can, we can, you can, they can (or conjugate *to be* + able)	being able	could ; was able
be born (to): naître	voir verbe *to be*	being born	was/were born
be: être	I am, you are, she/he is, you are, we are, they are	being	I was, you were, she/he was, you were, we were, they were ; been
beat (to): battre	regular	beating	beat ; beaten
become (to): devenir	regular	becoming	became ; become
beep (to): faire bip	regular	beeping	beeped
befriend (to): se lier d'amitié avec	regular	befriending	befriended
beg (to): supplier, mendier	regular	begging	begged
begin (to): commencer	regular	beginning	began
believe (to): croire	regular	believing	believed
bet (to): parier	regular	betting	bet
bike (to ride a bike): faire du vélo	regular	biking	biked
bite (to): mordre, piquer	regular	biting	bit ; bitten
blame (to): blâmer	regular	blaming	blamed
blend (to): mélanger, se mêler	regular	blending	blended
blush (to): rougir	I blush… she/he blushes	blushing	blushed
board (to): embarquer (avion, train)	regular	boarding	boarded
bore (to): ennuyer	regular	boring	bored
break (to): casser	regular	breaking	broke ; broken
bring (to): apporter	regular	bringing	brought
budge (to): bouger	regular	budging	budged
build (to): construire	regular	building	built
buy (to): acheter	regular	buying	bought
calculate (to): calculer	regular	calculating	calculated

Verb	Simple Present	Present Participle (gerund)	Simple Past ; Past Participle
call (to): appeler, nommer	regular	calling	called
camp (to): camper	regular	camping	camped
can (to): mettre en boîte (de conserves)	regular	canning	canned
cancel (to): annuler	regular	canceling	canceled
care (to): soigner (I don't care (to): je m'en fiche)	regular	caring	cared
carry (to): porter (un objet)	I carry… she/he carries	carrying	carried
catch (to): attraper	I catch… she/he catches	catching	caught
cater to (to): servir, s'occuper de	regular	catering	catered
cause (to): causer (être la cause de)	regular	causing	caused
change (to): changer, se changer	regular	changing	changed
channel (to): canaliser	regular	channeling	channeled
check (to): vérifier	regular	checking	checked
chuckle (to): ricaner	regular	chuckling	chuckled
cite (to): citer, mentionner	regular	citing	cited
clap (to): taper des mains	regular	clapping	clapped
clean (to): nettoyer	regular	cleaning	cleaned
climb (to): monter, escalader	regular	climbing	climbed
cling (to): s'accrocher à	regular	clinging	clung
close (to): fermer, conclure, clôturer	regular	closing	closed
collapse (to): s'écrouler	regular	collapsing	collapsed
come (to): venir	regular	coming	came ; come
complain (to): se plaindre	regular	complaining	complained
concentrate (to): se concentrer	regular	concentrating	concentrated
confirm (to): confirmer	regular	confirming	confirmed
contact (to): contacter	regular	contacting	contacted
contort (to): contorsionner	regular	contorting	contorted
contrast (to): contraster	regular	contrasting	contrasted
convert (to): convertir, se convertir	regular	converting	converted

Verb	Simple Present	Present Participle (gerund)	Simple Past ; Past Participle
correspond (to): correspondre, s'écrire des lettres	regular	corresponding	corresponded
count (to): compter	regular	counting	counted
cover (to): couvrir	regular	covering	covered
criticize (to): critiquer	regular	criticizing	criticized
cross (to): traverser	I cross… she/he crosses	crossing	crossed
curve (to): se courber	regular	curving	curved
cut (to): couper	regular	cutting	cut
dance (to): danser	regular	dancing	danced
daydream (to): songer, être rêveur	regular	daydreaming	daydreamed
decide (to): décider	regular	deciding	decided
declare (to): déclarer	regular	declaring	declared
defend (to): défendre	regular	defending	defended
define (to): définir	regular	defining	defined
demand (to): exiger, réclamer	regular	demanding	demanded
deny (to): démentir, nier	I deny… she/he denies	denying	denied
depend (to): dépendre	regular	depending	depended
deposit (to): déposer	regular	depositing	deposited
deserve (to): mériter	regular	deserving	deserved
destroy (to): détruire	regular	destroying	destroyed
detail (to): détailler	regular	detailing	detailed
die (to): mourir	regular	dying	died ; dead
dine (to): dîner	regular	dining	dined
direct (to): diriger	regular	directing	directed
discuss (to): discuter	I discuss… she/he discusses	discussing	discussed
dislike (to): ne pas aimer	regular	disliking	disliked
disturb (to): déranger	regular	disturbing	disturbed
ditch (to): abandonner (*argot*)	I ditch… she/he ditches	ditching	ditched
diversify (toı): diversifier	I diversify… she/he diversifies	diversifying	diversified
do (to): faire	I do… she/he does	doing	did ; done

Verb	Simple Present	Present Participle (gerund)	Simple Past ; Past Participle
draft (to): rédiger	regular	drafting	drafted
dream (to): songer, rêver	regular	dreaming	dreamed
dress (to): s'habiller	I dress… she/he dresses	dressing	dressed
drink (to): boire	regular	drinking	drank ; drunk
drive (to): conduire	regular	driving	drove ; driven
drizzle (to): pleuvoir doucement (*crachin*)	regular	drizzling	drizzled
drop (to): larguer, chuter	regular	dropping	dropped
eat (to): manger	regular	eating	ate ; eaten
embark (to): embarquer	regular	embarking	embarked
embarrass (to): gêner	I embarrass… she/he embarrasses	embarrassing	embarrassed
enjoy (to): s'amuser, aimer, prendre plaisir à	regular	enjoying	enjoyed
enter (to): entrer	regular	entering	entered
erase (to): effacer	regular	erasing	erased
err (to): faire une erreur	regular	erring	erred
estimate (to): évaluer, estimer	regular	estimating	estimated
exist (to): exister	regular	existing	existed
exit (to): sortir	regular	exiting	exited
expand (to): élargir, s'élargir	regular	expanding	expanded
expect (to): s'attendre à	regular	expecting	expected
explore (to): explorer	regular	exploring	explored
express (to): exprimer	I express… she/he expresses	expressing	expressed
extend (to): étendre, prolonger, offrir	regular	extending	extended
fall (to): tomber	regular	falling	fell ; fallen
farm (to): cultiver la terre	regular	farming	farmed
fasten (to): attacher (*ceinture*)	regular	fastening	fastened
fax (to): envoyer une télécopie, *faxer*	I fax… she/he faxes	faxing	faxed
fear (to): avoir peur	regular	fearing	feared
feed (to): nourrir	regular	feeding	fed
feel (to): sentir, ressentir	regular	feeling	felt

Verb	Simple Present	Present Participle (gerund)	Simple Past ; Past Participle
fight (to): se quereller, se battre	regular	fighting	fought
figure out (to): comprendre (*argot*)	regular	figuring	figured
fill (to): remplir	regular	filling	filled
find (to): trouver	regular	finding	found
finish (to): terminer, finir	I finish… she/he finishes	finishing	finished
fire (to): virer (*argot*)	regular	firing	fired
fit in (to): s'adapter	regular	fitting	fit
flash (to): clignoter	I flash… she/he flashes	flashing	flashed
flatter (to): flatter	regular	flattering	flattered
flirt (to): draguer	regular	flirting	flirted
fly (to): voler (*dans l'air*)	regular	flying	flew ; flown
focus (to): se concentrer sur	I focus… she/he focuses	focusing	focused
follow (to): suivre	regular	following	followed
force (to): obliger, forcer	regular	forcing	forced
forget (to): oublier	regular	forgetting	forgot ; forgotten
forgive (to): pardonner	regular	forgiving	forgave ; forgiven
freeze (to): geler	regular	freezing	froze ; frozen
fry (to): faire frire	I fry… she/he fries	frying	fried
fulfill oneself (to): s'épanouir	regular	fulfilling	fulfilled
gain (to): gagner	regular	gaining	gained
gamble (to): jouer (*au casino*)	regular	gambling	gambled
gather (to): rassembler, cueillir; se rassembler	regular	gathering	gathered
generate (to): générer	regular	generating	generated
get (to): obtenir, recevoir, comprendre	regular	getting	got
giggle (to): rigoler	regular	giggling	giggled
give (to): donner	regular	giving	gave ; given
gnaw (to): mordiller	regular	gnawing	gnawed
go (to): aller	I go… she/he goes	going	went ; gone

Verb	Simple Present	Present Participle (gerund)	Simple Past ; Past Participle
grab (to): attraper, prendre	regular	grabbing	grabbed
grill (to): griller	regular	grilling	grilled
grip (to): tenir, avoir une prise sur	regular	gripping	gripped
grit (*teeth*) (to): serrer (les dents)	regular	gritting	gritted
grow (to): pousser, augmenter, faire pousser, cultiver	regular	growing	grew ; grown
guess (to): deviner	I guess… she/he guesses	guessing	guessed
guffaw (to): rire fort	regular	guffawing	guffawed
hand (to): donner, passer	regular	handing	handed
handle (to): manipuler, faire face	regular	handling	handled
hang (to): pendre, suspendre	regular	hanging	hanged ; hung
happen (to): arriver, se passer	regular	happening	happened
harm (to): faire du mal	regular	harming	harmed
hate (to): haïr	regular	hating	hated
have (to): avoir	I have… she/he has	having	had
head (to): gérer, mener	regular	heading	headed
hear (to): entendre	regular	hearing	heard
help (to): aider	regular	helping	helped
hit: frapper	regular	hitting	hit
hobble (to): clopiner	regular	hobbling	hobbled
hold (to): tenir	regular	holding	held
hope (to): espérer	regular	hoping	hoped
howl (to): hurler	regular	howling	howled
hug (to): étreindre		hugging	hugged
hunt (to): chasser	regular	hunting	hunted
hurt (to): faire mal (douleur), blesser	regular	hurting	hurt
ignore (to): ignorer (ne pas prêter attention)	regular	ignoring	ignored
imagine (to): s'imaginer	regular	imagining	imagined
impress (to): impressionner, faire bonne impression	I impress… she/he impresses	impressing	impressed

Verb	Simple Present	Present Participle (gerund)	Simple Past ; Past Participle
inform (to): informer	regular	informing	informed
insist (to): mettre l'accent sur, souligner (*un point*)	regular	insisting	insisted
intercept (to): intercepter	regular	intercepting	intercepted
interrupt (to): interrompre	regular	interrupting	interrupted
introduce (*oneself*) (to): se présenter	regular	introducing	introduced
invade (to): envahir	regular	invading	invaded
invite (to): inviter	regular	inviting	invited
involve (to): impliquer	regular	involving	involved
joke (to): plaisanter	regular	joking	joked
justify (to): justifier	I justify… she/he justifies	justifying	justified
keep (to): garder	regular	keeping	kept
kick (to): donner un coup de pied	regular	kicking	kicked
kid (to): plaisanter (*argot*)	regular	kidding	kidded
kill (to): tuer	regular	killing	killed
kiss (to): embrasser, s'embrasser	I kiss… she/he kisses	kissing	kissed
knock (to): frapper (*à la porte*)	regular	knocking	knocked
know (to): savoir, connaître	regular	knowing	knew ; known
lack (to): manquer de	regular	lacking	lacked
land (to): atterrir	regular	landing	landed
laugh (to): rire	regular	laughing	laughed
lead (to): mener, emmener	regular	leading	led
lean (to): s'adosser	regular	leaning	leaned
leap (to): sauter	regular	leaping	leaped ; leapt
learn (to): apprendre	regular	learning	learned ; learnt (UK)
leave (to): partir	regular	leaving	left
let (to): laisser, louer	regular	letting	let
lie (to): mentir ; s'allonger	regular	lying	lied (*mentir*) ; lay ; laid
like (to): aimer (I like it (to): *ça me plaît*)	regular	liking	liked
listen (to): écouter	regular	listening	listened
live (to): habiter, vivre	regular	living	lived
locate (to): trouver, situer	regular	locating	located

Verb	Simple Present	Present Participle (gerund)	Simple Past ; Past Participle
look (to): regarder; paraître, avoir l'air de, ressembler	regular	looking	looked
lose (to): perdre	regular	losing	lost
love (to): aimer	regular	loving	loved
mail (us): poster	regular	mailing	mailed
make (to): faire (créer, façonner)	regular	making	made
manage (to): gérer	regular	managing	managed
marry (to): épouser, se marier	I marry… she/he marries	marrying	married
massage (to): masser	regular	massaging	massaged
mean (to): signifier, vouloir dire	regular	meaning	meant
measure (to): mesurer	regular	measuring	measured
meet (to): rencontrer	regular	meeting	met
mind (to): vouloir bien (to not mind: *vouloir bien*)	regular	minding	minded
mingle (to): se mêler (avec des gens en soirée)	regular	mingling	mingled
miss (to): rater, manquer	I miss… she/he misses	missing	missed
mix (to): mélanger, se mélanger	I mix… she/he mixes	mixing	mixed
mock (to): se moquer de	regular	mocking	mocked
move (to): déplacer, se déplacer, déménager	regular	moving	moved
mumble (to): murmurer	regular	mumbling	mumbled
name (to): nommer	regular	naming	named
need (to): avoir besoin de	regular	needing	needed
nod (to): hocher la tête	regular	nodding	nodded
notice (to): remarquer	regular	noticing	noticed
notify (to): notifier, informer	I notify… she/he notifies	notifying	notified
nudge (to): toucher du coude	regular	nudging	nudged
offer (to): proposer, offrir	regular	offering	offered
open (to): ouvrir; s'ouvrir	regular	opening	opened
order (to): commander	regular	ordering	ordered

Verb	Simple Present	Present Participle (gerund)	Simple Past ; Past Participle
organize (to): organiser	regular	organizing	organized
owe (to): devoir *(dette)*	regular	owing	owed
own (to): posséder	regular	owning	owned
park (to): garer	regular	parking	parked
pass (to): passer	I pass… she/he passes	passing	passed
pay (to): payer	regular	paying	paid
persuade (to): convaincre, persuader	regular	persuading	persuaded
pick (to): choisir, cueillir	regular	picking	picked
pinch (to): pincer	I pinch… she/he pinches	pinching	pinched
pitch (to): monter *(une tente)*, lancer (baseball)	I pitch… she/he pitches	pitching	pitched
plan (to): planifier	regular	planning	planned
play (to): jouer	regular	playing	played
please (to): plaire	regular	pleasing	pleased
point (to): montrer *(du doigt)*	regular	pointing	pointed
post (UK) (to): poster	regular	posting	posted
preach (to): prêcher	I preach… she/he preaches	preaching	preached
prefer (to): préférer	regular	preferring	preferred
prepare (to): préparer	regular	preparing	prepared
prescribe (to): préscrire	regular	prescribing	prescribed
present (to): présenter	regular	presenting	presented
pretend (to): faire semblant	regular	pretending	pretended
print (to): imprimer	regular	printing	printed
promise (to): promettre	regular	promising	promised
promote (to): promouvoir	regular	promoting	promoted
provide (to): fournir	regular	providing	provided
pull (to): tirer	regular	pulling	pulled
pursue (to): poursuivre	regular	pursuing	pursued
push (to): pousser	I push… she/he pushes	pushing	pushed
put (to): mettre	regular	putting	put
qualify (to): qualifier	I qualify… she/he qualifies	qualifying	qualified

Verb	Simple Present	Present Participle (gerund)	Simple Past ; Past Participle
raise (to): lever	regular	raising	raised
rationalize (to): rationaliser	regular	rationalizing	rationalized
read (to): lire	regular	reading	read
recall (to): rappeler, se rappeler	regular	recalling	recalled
recommend (to): recommender	regular	recommending	recommended
record (to): enregistrer	regular	recording	recorded
refuse (to): refuser	regular	refusing	refused
regret (to): regretter	regular	regretting	regretted
reign (to): régner	regular	reigning	reigned
reject (to): rejeter	regular	rejecting	rejected
rekindle (to): ranimer, raviver	regular	rekindling	rekindled
relate (to): trouver un lien commun avec	regular	relating	related
relax (to): se reposer	I relax… she/he relaxes	relaxing	relaxed
relocate (to): déménager	regular	relocating	relocated
remember (to): se rappeler, se souvenir	regular	remembering	remembered
rent (to): louer	regular	renting	rented
repeat (to): répéter	regular	repeating	repeated
replace (to): remplacer	regular	replacing	replaced
reply (to): répondre (*lettre*)	I reply… she/he replies	replying	replied
report (to): rapporter, déclarer	regular	reporting	reported
require (to): demander, exiger	regular	requiring	required
reserve (to): réserver	regular	reserving	reserved
resist (to): résister	regular	resisting	resisted
respect (to): respecter	regular	respecting	respected
rest (to): se reposer	regular	resting	rested
retire (to): partir à la retraite	regular	retiring	retired
return (to): revenir, rendre	regular	returning	returned
revise (to): réviser	regular	revising	revised
rhyme (to): rimer	regular	rhyming	rhymed

Verb	Simple Present	Present Participle (gerund)	Simple Past ; Past Participle
ride (to): faire du vélo, du cheval	regular	riding	rode ; ridden
ring (to): sonner (*sonnerie*)	regular	ringing	rang ; rung
roast (to): rôtir	regular	roasting	roasted ; roast
roll (to): rouler	regular	rolling	rolled
run (to): courir, gérer	regular	running	ran ; run
rush (to): se précipiter	I rush… she/he rushes	rushing	rushed
satisfy (to): satisfaire à	I satisfy… she/he satisfies	satisfying	satisfied
save (to): sauver, économiser	regular	saving	saved
say (to): dire	regular	saying	said
schedule (to): prévoir un emplol du temps	regular	scheduling	scheduled
scowl (to): bouder, faire une grimace	regular	scowling	scowled
seduce (to): séduire	regular	seducing	seduced
see (to): voir	regular	seeing	saw ; seen
seem (to): paraître, sembler	regular	seeming	seemed
sell (to): vendre	regular	selling	sold
send (to): envoyer	regular	sending	sent
serve (to): servir	regular	serving	served
settle in (to): s'installer	regular	settling	settled
shake (to): agiter	regular	shaking	shook ; shaken
share (to): partager	regular	sharing	shared
shoot (to): tirer sur	regular	shooting	shot
shout (to): crier	regular	shouting	shouted
show (to): montrer	regular	showing	showed ; shown
sigh (to): soupirer	regular	sighing	sighed
sight-see (see the sights) (to): visiter	regular	sight-seeing	*did* some sight-seeing, *went* sight-seeing
sign (to): signer	regular	signing	signed
signal (to): faire signe	regular	signaling signalling (UK)	signaled signalled (UK)
sip (to): boire doucement	regular	sipping	sipped
sit (to): s'asseoir	regular	sitting	sat
ski (to): skier	regular	skiing	skied

Verb	Simple Present	Present Participle (gerund)	Simple Past ; Past Participle
skip (to): omettre ; sautiller	regular	skipping	skipped
slam (to): claquer (*la porte*)	regular	slamming	slammed
slap (to): gifler, taper	regular	slapping	slapped
slip (to): glisser	regular	slipping	slipped
slow (to): ralentir	regular	slowing	slowed
smell (to): sentir (*odeur*)	regular	smelling	smelled
smile (to): sourire	regular	smiling	smiled
sniff (to): renifler	regular	sniffing	sniffed
snigger (to): ricaner	regular	sniggering	sniggered
solve (to): résoudre	regular	solving	solved
sound (to): sonner, avoir l'air de	regular	sounding	sounded
spare (to): épargner	regular	sparing	spared
sparkle (to): scintiller, pétiller	regular	sparkling	sparkled
speak (to): parler	regular	speaking	spoke (*to*): spoken
spell (to): épeler	regular	spelling	spelled
spend (to): passer, dépenser	regular	spending	spent
spice (to): mettre des épices	regular	spicing	spiced
spit (to): cracher	regular	spitting	spat ; spit
spoil (to): gâter, gâcher	regular	spoiling	spoiled ; spoilt
spot (to): apercevoir	regular	spotting	spotted
squirm (to): se tortiller	regular	squirming	squirmed
stab (to): poignarder	regular	stabbing	stabbed
stabilize (to): se stabiliser	regular	stabilizing	stabilized
stake out (to): cerner, explorer	regular	staking out	staked out
stand (to): se mettre debout	regular	standing	stood
stare (to): fixer (*des yeux*)	I fix… she/he fixes	fixing	fixed
start (to): commencer, sursauter	regular	starting	started
starve (to): affamer	regular	starving	starved
state (to): dire, déclarer	regular	stating	stated
stay (to): rester, loger	regular	staying	stayed
steal (to): voler (voleur)	regular	stealing	stole ; stolen
stick (to): coller	regular	sticking	stuck

Verb	Simple Present	Present Participle (gerund)	Simple Past ; Past Participle
stop (to): arrêter, s'arrêter	regular	stopping	stopped
straighten (to): corriger, remettre droit	regular	straightening	straightened
strip (to): se déshabiller	regular	stripping	stripped
stroll (to): se promener, flâner	regular	strolling	strolled
study (to): étudier	I study… she/he studies	studying	studied
stuff (to): rembourrer	regular	stuffing	stuffed
succeed (to): réussir	regular	succeeding	succeeded
sue (to): poursuivre, attaquer en justice	regular	suing	sued
suffer (to): souffrir	regular	suffering	suffered
sulk (to): bouder	regular	sulking	sulked
sun-bathe (to): prendre un bain de soleil	regular	sun-bathing	sun-bathed
suppose (to): supposer	regular	supposing	supposed
survive (to): survivre	regular	surviving	survived
suspect (to): soupçonner	regular	suspecting	suspected
sweep (to): balayer	regular	sweeping	swept
swim (to): nager	regular	swimming	swam ; swum
switch (to): basculer, intervertir	I switch… she/he switches	switching	switched
take (to): prendre	regular	taking	took ; taken
talk (to): parler	regular	talking	talked
taste (to): goûter	regular	tasting	tasted
tear (to): déchirer	regular	tearing	tore ; torn
tease (to): taquiner	regular	teasing	teased
tell (to): dire, raconter	regular	telling	told
thank (to): remercier	regular	thanking	thanked
think (to): penser	regular	thinking	thought
throw (to): jeter	regular	throwing	threw ; thrown
tilt (to): incliner	regular	tilting	tilted
titter (to): rire sottement	regular	tittering	tittered
tolerate (to): tolérer	regular	tolerating	tolerated
touch (to): toucher	I touch… she/he touches	touching	touched
toy with (to): jouer de	regular	toying	toyed

Verb	Simple Present	Present Participle (gerund)	Simple Past ; Past Participle
trade (to): troquer, vendre et acheter, échanger	regular	trading	traded
transfer (to): transférer	regular	transfering	transferred
travel (to): voyager	regular	traveling travelling (UK)	traveled travelled (UK)
treat (to): traiter	regular	treating	treated
trust (to): faire confiance	regular	trusting	trusted
try (to): essayer	I try… she/he tries	trying	tried
tunnel (to): creuser un tunnel	regular	tunneling tunnelling (UK)	tunneled tunnelled (UK)
turn (to): tourner, se retourner	regular	turning	turned
type (to): taper (*à la machine*)	regular	typing	typed
understand (to): comprendre	regular	understanding	understood
update (to): mettre à jour	regular	updating	updated
use (to): utiliser	regular	using	used
value (to): évaluer, respecter, considérer comme important	regular	valuing	valued
view (to): voir	regular	viewing	viewed
visit (to): visiter, rendre visite à	regular	visiting	visited
wait (to): attendre	regular	waiting	waited
walk (to): marcher	regular	walking	walked
want (to): vouloir	regular	wanting	wanted
warm (to): réchauffer	regular	warming	warmed
wash (to): laver	I wash…	she/he washes	washing washed
waste (to): gaspiller, perdre	regular	wasting	wasted
watch (to): regarder	I watch… she/he watches	watching	watched
wear (to): porter (*vêtements*)	regular	wearing	wore ; worn
weep (to): pleurer	regular	weeping	wept
wiggle (to): agiter	regular	wiggling	wiggled
wink (to): cligner de l'œil	regular	winking	winked
wipe (to): essuyer	regular	wiping	wiped

Verb	Simple Present	Present Participle (gerund)	Simple Past ; Past Participle
wish (to): souhaiter, avoir envie	I wish… she/he wishes	wishing	wished
wonder (to): se demander	regular	wondering	wondered
work (to): travailler	regular	working	worked
worry (to): se soucier	I worry… she/he worries	worrying	worried
write (to): écrire	regular	writing	wrote ; written
yank (to): tirer (*argot*)	regular	yanking	yanked

LEXIQUE FRANÇAIS/ANGLAIS

A

à 100 % américain	all-american
à droite	right
à haut risque	high-risk
à l'appareil *(au téléphone)*	speaking
à la différence de	unlike
à moins que	unless
à nouveau *(repartir à zéro)*	afresh *(start afresh)*
à part *(mis)*, *(mettre)* de côté	aside
à tout prix	at all costs
à travers	through
à travers le monde	worldwide
à venir	upcoming
abandonner lâchement	ditch *(to)* *(argot)*
abandonner, laisser tomber	give up *(to)*
abandonner, quitter (qqun)	walk out on *(to)*
accélérer	accelerate *(to)*
accepter	accept *(to)*
accepter qqch, vivre avec	take something in stride *(to)*
accompagner qqun jusqu'à	see someone to *(to)*
accomplir	achieve *(to)*
acheter	buy *(to)*
adhésion *(adhérent)*	membership
admettre, avouer	admit *(to)*
admiratif, sous le charme	impressed
adresse du domicile	home address
adresse professionnelle / de travail	work address, office address
adventiste du septième jour	seventh day adventist
affamé *(être)*	starved *(to be)*
affectueusement	affectionately
affreux ; dommage *(c'est)*	beastly *(luck)*
agacé *(en étant)*; dans un état d'énèrvement	irritably
agacé *(être)*	peeved *(to be)*
agacer quelqu'un	get on someone's nerves *(to)*
agence de voyage	travel agency
agenda électronique	palmtop
aggressif, qui se met trop en avant	pushy *(argot)*
agir instinctivement, sans réfléchir	shoot from the hip *(to)* *(expr. idiom.; argot)*
agité	restless
agiter	shake *(to)*
agiter, tortiller	wiggle *(to)*
agréable	pleasant
aider	help *(to)*
aigle	eagle
aimer *(j'aime bien, me plaît)*	love *(to)* ; like *(to)* ça *(I like it)*
aimer, apprécier	get a kick out of *(to)* *(expr. idiom. ; argot)*
ajouter des épices	spice *(to)*
ajouter, rajouter	add *(to)*
alarme, réveil	alarm
alcool	alcohol
alcotest	breathalyser
alité; immobile	laid-up *(to be)* *(argot)*
allaiter	breastfeed *(to)*
aller	go *(to)*
aller droit au but	come to the point *(to)* ; cut to the chase *(to)* *(argot)*
aller-retour	round-trip
allumer *(une lumière)*	switch on *(to)*
alors que ; un certain temps	while; a while
ambulance	ambulance
amie, petite amie	lady friend
ancêtre	ancestor
anciennement	previously
angoissé(e)	nervous, anxious
année / an	year
annonce	announcement
annoncer qqun	show someone in *(to)*
annuler	cancel *(to)*

antre du dragon	dragon's lair
apercevoir	spot *(to)*
apparaître, paraître, arriver	show up *(to) (argot)*
appel en PCV	collect call
appel interurbain	long distance
appeler, nommer	call *(to)*
applaudissements	applause
apport, contribution	input, contribution
apporter	bring *(to)*
apprécier	appreciate *(to)*
apprendre	learn *(to)*
approcher, monter *(approchez !)*	step up *(to)* *(step up !)*
approfondir *(les connaissances)*	go into *(to)*
après later	after, afterwards,
après-midi	afternoon
arbre fruitier	fruit tree
argent déposé directement sur un compte en banque	direct deposit
argent noble *(d'aristocrates)*	old money
argent liquide, espèces	cash
argument de vente	sales pitch
arrêter, s'arrêter	stop *(to)*
arrivées *(aéroport, gare)*	arrivals *(airport, station)*
arriver	arrive *(to)*
réussir *(à faire qqch)*	make it *(to) (argot)*
arriver *(en avion)*	fly in *(to)*
arriver qquepart	get somewhere *(to)*, get to a place *(to)*
arriver, se passer	happen *(to)*
ascenseur	elevator *(US)*, lift *(UK)*
asiatique	asian *(inclut les indiens, pakistanais, etc…)*
assez	fairly, quite, enough
assez *(assez bon)*	pretty *(pretty good) (argot)*
assurances	insurance
attacher (ceinture)	fasten *(to)*, tie *(to)*
attendre	await *(to)* ; wait for *(to)*

attendre avec impatience	wait *(to)* with bated breath *(expr. idiom.)*
attendre avec impatience *(en attendant de te voir)*	look forward to *(to)* *(I look forward to seeing you)*
attentif à *(être)*, prêter attention à	pay attention *(to)*
attention *(allez-y doucement)*	easy does it
attérir	land *(to)*
attraper	catch *(to)*, get *(to)*
attraper, prendre	grab *(to)*
attrayant*(e)*, séduisant*(e)*	attractive
au cas où	*(just)* in case
au début	initially
au nom de qqun, pour le bien de qqun	for someone's sake
au revoir; adieu	goodbye
au sens figuré	figurative*(ly)*
au-dessus de, sur	over
aujourd'hui	today
aussi *(j'en veux aussi ; moi aussi)*	also, too *(I also want some; me too)*
autoroute	highway *(US)* ; motorway *(UK)* ; freeway *(terme typique de l'ouest des US)*
autour de, vers	around
autre(s) *(autre chose, ailleurs)*	other ; else *(anything else, anywhere else)*
autrement	otherwise
avant	before
avantage, actif	asset
aveugle	blind
avion	plane *(airplane-US, aeroplane-UK)*
aviser	play it by ear *(to)* *(argot)*
avoir	have *(to)*
avoir besoin de	need *(to)*
avoir bien mangé *(quantité)*	full *(to be)*
avoir de la chance	lucky *(to be)*
avoir des complexes par rapport à	hung up about *(to be) (argot)*
avoir des nouvelles de	hear from *(to)*

avoir envie de se marier *(to) (expr. idiom.)*	hear wedding bells
avoir envie de ; se sentir	feel like *(to)*
avoir envie de; prendre *(vas-y ! n'hésite pas !)*	go for *(to) (argot) (go for it !)*
avoir fini	done *(to be)*
avoir l'air de, ressembler	look like *(to)*
avoir l'habitude de	Used to *(to be)*
avoir l'occasion de faire	get to do *(to)*
avoir peur	afraid of *(to be)*; fear *(to)*
avoir raison	right *(to be)*
avoir réussi dans la vie	successful
avoir une idée derrière la tête	ulterior motive *(to have an)*
avoir une relation amoureuse avec	involved with *(to be)*

B

bagages	luggage
balayer	sweep *(to)*
ball-trap	skeet-shooting
banc de musculation	bench press
banlieue	suburb
banque	bank
banque *(services de)* par internet	e-banking
baptiste	baptist
bar, brasserie	pub *(UK)*, bar
barge, péniche	barge *(n)*
bas *(en bas)*	bottom *(at the bottom)*
basculer, intervertir	switch *(to)*
bateau	boat
battre	beat *(to)*
beaucoup	much
beaucoup (de)	many, a lot *(of)*
belvédère	gazebo
bêtises (ne dites pas *n'importe quoi !)*	nonsense *(don't talk nonsense !)*
bien sûr, bien évidemment	of course
bien *(je vais bien)*	fine *(i'm fine)*
bientôt	soon
bière blonde	lager *(UK)*
bière pression	draught beer
bijoux	jewels, jewellery
billet, ticket	ticket
biologique *(produit alimentaire)*	organic *(food)*
bise *(une)* sur la joue	peck *(a) (on the cheek)*
bizarrement	strangely
blâmer	blame *(to)*
blanc	white
boeuf	beef
boire	drink *(to)*
boire à *(la santé de…)*	drink to *(the health of) (to)*
boire doucement, lentement	sip *(to)*
bol	bowl
bon marché	cheap
bonbons	candy *(US)*
bonne chance	good luck
bonnes manières	breeding
bouche	mouth
bouchée (de la taille d'une)	bite-size
bouder	sulk *(to)*
bouder, faire une grimace	scowl *(to)*
bouger	budge *(to)*
boulevard périphérique, rocade	beltway *(US)*, ringroad *(UK)*
rembourrer	stuff *(to)*
boussole	compass
boutique, magasin *(épicerie, supermarché)*	store *(grocery store)*
brancard	stretcher
branché, vif *(une ville branchée)*	happening *(a happening town) (argot)*
bras	arm
bref, court	brief
broche *(bijou)*	brooch
buffet	buffet table
bureau	office
bus à deux niveaux	double-decker

C

c'est fait, c'est fini	taken care of *(it's)*
c'est forcément, il faut que ce soit, ça doit être	got to be *(it has)*

cadeau	gift
cadeau, événement spécial	treat
cadre *(photo)*	frame
cafouillage, malentendu	mix-up
caisse *(dans un magasin)*	cash register
calculer	calculate *(to)*
camper	camp *(to)* ; camp out *(to)*
canaliser	channel *(to)*
caravan, camping-car	RV *(recreational vehicle) (US)*
carte de visite	card, visiting card, business card
carte postale	postcard
carte téléphonique	calling card
carte, plan	map
cartes de crédit	credit cards, plastic *(argot)*
casser	break *(to)*
causer *(être la cause de)*	cause *(to)*
ce n'est pas la peine *(je n'en vois pas la necessité)*	point *(there is no) (I see no point in it)*
ce soir	tonight, this evening
ceinture de sécurité	seatbelt
cela va sans dire	needless to say
centre commercial *(US)*, esplanade	mall
centre-ville	downtown *(US)*, city centre *(UK)*
cerise	cherry
explorer	stake out *(to) (argot)*
acte de mariage	marriage license
cerveau	brain
chacun son truc…	different strokes *(expr. idiom.)*
chaîne, canal	channel
chaise de camping	camping chair
chaise longue	deckchair
chambre	room
chance	luck
chanceux	fortunate, lucky
changer de l'argent	change *(to)*, exchange *(to)* money
changer, se changer	change *(to)*

chaque *(chaque fois)*	each, every *(each time, everytime)*
charmant	charming
charmant	delightful
chasser	hunt *(to)*
château de sable	sand-castle
chateaubriand	porterhouse steak
chaussettes	socks
chemise	shirt
chercher	look *(to)* for
chéri(e)	darling
chéri(e)	honey
cheveux	hair *(toujours au singulier)*
chez qqun	at someone's *(home, house, place)*
chiffres, statistiques	figures, statistics
chips	chips *(US) (potato chips)* ; crisps *(UK)*
choisir, cueillir	pick *(to)*
choisir, sélectionner	pick out *(to)*
choix	choice
choses, trucs	stuff *(argot)*
chrétien	christian
chute	fall *(a)*
chuter, diminuer	drop *(to)*
cible	target
cinéaste	film-maker, movie-maker
cinéma	movies *(US)*, cinema *(UK)*
circulation	traffic
citer, mentionner	cite *(to)*
civière	stretcher
clair *(lumineux) (aussi: côté positif)*	bright *(bright side)*
clair *(simple)*	clear
claquer *(la porte)*	slam *(to)*
clé	key
client	customer
cligner de l'œil	wink *(to)*
clignoter	flash *(to)*
clopiner	hobble *(to)*

cochonneries, détritus *(décharge)*	junk *(argot)* *(junkyard)*
cocktail sans alcool	virgin cocktail
coeur	heart
coffre-fort	safe
col (la)	glue
collègue	colleague
coller	stick *(to)*
colonne vertébrale *(le pivot de)*	backbone *(the backbone of)*
combler	fill in *(to)*
comestible	edible
comique *(un)*	comedian
commander	order *(to)*
commencer	begin *(to)*, start *(to)*
commerce	trade
commissariat de police	police station
compagnie d'assurances	insurance company
compassion	sympathy, compassion
comprendre	understand *(to)*
compte chèques	checking account
compte d'épargne	savings account
compter	count *(to)*
comptes chèques avec une possibilité d'épargne en plaçant son argent sur le marché monétaire	money-market account
compteur de vitesse	speedometer
concentrer sur	focus on *(to)*
concours, compétition	contest
concurrence	competition
conduire	drive *(to)*
confirmer	confirm *(to)*
connaissance, maîtrise, savoir-faire	expertise
conscient de *(être, devenir)*	aware of *(to be, to become)*
construire	build *(to)*
consumérisme	consumerism
contacter	contact *(to)*
continuer *(allez-y !)*	go ahead *(to)*; go on *(to)* *(go ahead ; go on !)*
continuer à faire…	keep *(to)* going, doing…
contorsionner	contort *(to)*
contraster	contrast *(to)*
contrat d'entretien contract	maintenance
contrat, coup	deal *(argot)*
contre	against
convaincre, persuader	persuade *(to)*
convertir, se convertir	convert *(to)*
corbeau	crow
correspondre à	correspond *(to)*
cosmopolite	cosmopolitan
côté	side
côtes	ribs
couche-culottes	diapers
couler	flow *(to)*
coup de fusil / révolver	gun-shot
coup de pied *(donner un)*	kick *(to)*
couper	cut *(to)*
courant (parler *couramment le français)*	fluent *(to speak fluent french)*
courbe	curve
courber	curve *(to)*
courir	run *(to)*
course à sac	sack race
couvrir	cover *(to)*
cracher	spit *(to)*
craquant *(un aliment)*	crisp
cravate	tie
crème aigre	sour cream
creuser un tunnel	tunnel *(to)* *(to dig a tunnel)*
creuser, trouver	dig up *(to)*
crier	shout *(to)*
crique	creek
crise cardiaque	heart attack
critiquer	criticize *(to)*
croire *(en)*	believe *(to)* *(in)*
croissance	growth
croyants *(qui craignent Dieu)*	god-fearing
cru (par opposition à cuit)	raw
cul	ass *(vulgaire)* *(US)*

cultiver *(la terre)*	farm *(to) (land)*
cultiver, faire pousser	grow *(to)*
D	
d'abord, premier	first
d'accord *(être)*	agree *(to)*
d'accord pour *(être)*	willing *(to be)*
d'entreprise	corporate
d'extérieur	outdoor
d'habitude	usually
d'inattention *(erreur)*	careless *(mistake)*
d'intérieur	indoor
d'un âge avancé *(personnes âgées)*	elderly *(elderly people)*
danser	dance *(to)*
de base	basic
de bien faire les choses, bien jouer le jeu	play your cards right *(to) (argot)*
de grande marque de mode	designer
de l'est	eastern
de l'ouest	western
de luxe, précieux	fancy
de nos jours, aujourd'hui	nowadays
de près	closely
de temps à autre	every now and then
de temps en temps	from time to time
de toute façon	anyway, in any case
début	beginning
déca	decaf
déception	chagrin
déchirer	tear *(to)*
décider	decide *(to)*
déclaration	statement
déclarer	declare *(to)*
déclarer, affirmer	state *(to)*
découvrir, se renseigner	find out *(to)*
déçu	disappointed *(to be)*
déçu, triste	dejected
dedans, à l'intérieur	inside
défendre	defend *(to)*
définir	define *(to)*
dégâts	damage
dégoûté, déçu de *(être)*	put off *(to be)*
(j'étais un peu dégoûté d'elle)	*(I was put off by her) (argot)*
dehors, à l'extérieur	outside
déjà	already
déjeuner	lunch
déjeuner de travail	working lunch
demander	ask *(to)*
demander, exiger	require *(to)*
démarrer une voiture des câbles	jump-start *(to)*
déménager	move *(to)*; move out *(to)*; relocate *(to)*
démentir, nier	deny *(to)*
démocratie	democracy
départs *(aéroport, gare)*	departures *(airport, station)*
dépendre	depend *(to)*
dépendre de *(ton travail en dépend)*	hang in the balance *(to) (your job hangs in the balance)*
dépendre de, compter sur	count on *(to)*
dépenses	expenditures
déplacer, se déplacer	move *(to)*
déposer	deposit *(to)*
déprimé	depressed
déranger	disturb *(to)*
dernier *(la semaine dernière)*	last *(last week)*
derrière *(son derrière)*	behind *(her behind)*
dès que	as soon as
détailler	detail *(to)*
détruire	destroy *(to)*
devant	in front of, ahead
devenir	become *(to)*
deviner, supposer *(je suppose)*	guess *(to) (I guess)*
devoir *(une dette)*	owe *(to)*
diapositive, cliché	slide
dieu	god
dieu merci, bien heureusement	thank goodness
difficile à plaire, snob, précieux	fussy
dinde	turkey
dîner	dinner; dine *(to)*

diplomatie	diplomacy
dire	say *(to)*
dire, raconter	tell *(to)*
directeur financier	CFO *(chief financial officer)*
diriger	direct *(to)*
diriger quelqu'un vers	show someone to *(to)*
discret	discreet
discuter	discuss *(to)*
disponible, disponibilité	available, availability
diversifier	diversify *(to)*
divertissement	entertainment
domicile	residence
données	data
donner	give *(to)*
donner, passer	hand *(to)*
dos	back
doucement, en faisant très attention	gingerly
douceur	softness
douche	shower
douleur	pain
doute	doubt
doux, sympathique	sweet, nice
draguer	flirt *(to)*
droit *(pied droit)*	right *(right foot)*
drôle	funny
du nord	northern
du sud	southern
dûr, difficile	rough
E	
eau gazeuse	sparkling water
écouter	listen *(to)*
écouteurs	headphones
écran	screen
écrire	write *(to)*
écrire des lettres	correspond *(to)*
écrivain	writer
effacer	erase *(to)*
élargir, s'élargir	expand *(to)*
emballer *(le moteur)*	rev up *(to)*
embarquer	embark *(to)*; board *(to)*
embouteillages	traffic jam
embrasser, s'embrasser	kiss *(to)*
émeute, violences raciales	race riot
empêcher que qqun fasse qqch	keep someone from doing something *(to)*
employé	employee
employé de banque (au guichet)	teller
en attente de *(être)* *(il est temps que tu…)*	due for *(to be)* *(you are due for…)*
en dépit de, malgré	in spite of
en effet	indeed
en entier *(l'équipe entière, toute l'equipe)*	whole *(the whole team)*
en face, de l'autre côté	across
en fait	basically, in fact
en partie	partly
en réalité, véritablement	actually
en s'excusant	apologetically
en sécurité	safe
en vitesse, vite *(se dépêcher)*	hurry *(in a)* *(to hurry)*
en vouloir à qqun	hold something against *(to)* *(argot)*
encore une fois	again
encore, toujours *(tu travailles encore ?)*	still *(are you still working ?)*
enfer	hell
enfermé *(être, se sentir)*	cooped up *(to be)*
enlever, retirer *(vêtements)*	take off *(to)*
ennuis, difficultés	mess
ennuis, soucis	trouble; hassle *(argot)*
ennuyer	bore *(to)*
énorme	huge
enregistrer	record *(to)*
enregistrer *(hôtel, aéroport)*	check in *(to)*
ensemble	together
ensemble *(vestimentaire)*, structure, groupement	outfit
ensoleillé	sunny
entendre	hear *(to)*

enthousiasmant, intéressant	exciting
enthousiaste *(être)*, avoir envie de	keen *(to be)*
entre	between
entre midi et minuit	p.m. *(5 p.m.= 17 heures)*
entre minuit et midi	a.m. *(5 a.m.= 5 heures)*
entrepôt	warehouse
entrer	enter *(to)*
envahir	invade *(to)*
envoi en priorité *(poste)*	priority mail
envoi express *(poste)*	express mail
envoyer	send *(to)*
envoyer une télécopie, faxer	fax *(to)*
épais *(aussi: dans le vif du sujet)*	thick *(in the thick of things)*
épargner	spare *(to)*
épaule	shoulder
épave (voiture)	wreck
épeler	spell *(to)*
épouser, se marier	marry *(to)*
épuisant	exhausting
équipement, matériel	gear
erreur	mistake
escalade, varappe	rock-climbing
escale	stop-over
espérer	hope *(to)*
essayer	try *(to)*
essuyer	wipe *(to)*
estafette, camionette, monospace	van
estomac *(bide)*	belly
et tout le tintouin	whatnot
établissement vinicole	winery
étage	floor
étape	stage
états du sud des US pendant la guerre de sécession	confederate
étendre, prolonger, offrir	extend *(to)*
étonnamment, remarquablement	remarkably
étonné, surpris	startled *(to be)*

être	be *(to)*
étreindre	hug *(to)*
étude, enquête	study
étudiant, élève	student
étudier	study *(to)*
eux-mêmes *(ils se défendent)*	themselves *(they defend themselves)*
évaluer, estimer	estimate *(to)*
évaluer, respecter, considérer comme important	value *(to)*
évangéliste	evangelist
éveiller, attirer l'attention	arouse *(to)*
événement	event
événements	goings-on *(idiom.)*
éviter	avoid *(to)*
excusez-moi; pardon !	excuse-me
exiger, réclamer	demand *(to)*
exister	exist *(to)*
expliquer	account for *(to)*
explorer	explore *(to)*
exprimer	express *(to)*
F	
face, aspect, visage	face
facile *(c'est pas de la tarte !)*	cakewalk *(argot) (it's no cakewalk)*
facilement	easily
faire	do *(to)*
faire *(créer, façonner)*	make *(to)*
faire attention	careful *(to be)*; take care *(to)*
faire bip	beep *(to)*
faire confiance	trust *(to)*
faire confiance, suivre	go with *(to)*
faire des bêtises, déconner	play the fool *(to)*
faire du cheval	riding *(to go)*
faire de la course à pied	running *(to go)*
faire du kayak	kayaking *(to go)*
faire du mal	harm *(to)*
faire du sport, de l'exercice	work out *(to)*
faire du surf	surf *(to)*
faire du vélo	biking *(to go)*
faire du vélo, du cheval	ride *(to)*

faire faire qqch à qqun	get someone to do something *(to)*
faire frire	fry *(to)*
faire la randonnée	hiking *(to go)*
faire le malin	cocky
faire le vélo	bike *(to) (go biking, ride a bike)*
faire mal *(ma jambe me fait mal)*	ache *(to)* ; hurt *(to) (my leg aches ; my leg hurts)*
faire mal *(tu m'as blessée)*	hurt *(to) (you hurt me)*
faire semblant	pretend *(to)*
faire signe	signal *(to)*
faire une erreur	err *(to)*
faire une gaffe	put your foot in it *(to) (argot)*
faire visiter	show someone around *(to)*
fait *(un)*	fact
fait main	handmade
fatigué	tired
faux, tort, mal *(avoir tort ; être dans le tort ; faire du mal)*	wrong (to be wrong ; *to be in the wrong ;* to do wrong)
feminité	femininity
fer à cheval	horseshoe
fermé	closed
fermer, conclure, clôturer	close *(to)*
fesses	bottom
feu *(tricolore)*	stop-light, traffic light
feuilles de bettes	collard greens
fiable	reliable
fidel	loyal
fier	proud
fille	girl, gal *(argot)*
fin	end
financier	financial
fixer *(des yeux)*	stare *(to)*
flatter	flatter *(to)*
flèche de cupidon	love-bug *(expr. idiom.) (aussi : cupid's arrow)*
football	soccer *(US)* ; football *(UK)*
football américain	american football
fort, corpulent	bulky
fou, dingue *(être)*	nuts *(to be) (argot)*
foulard, écharpe	scarf
foule	crowd
fournir	provide *(to)*
frais *(sans frais supplémentaire)*	charge *(at no extra charge)*
frais, frisquet	chilly
franc succès *(connaître un)*	flying colors *(to pass with)*
franc, qui ne mâche pas ses mots	outspoken *(to be)*
français	Frenchman
frapper	hit *(to)*
frapper la balle *(baseball, cricket)*	bat *(to)*
frites	chips *(UK)*, french fries, fries *(US)*
froid	cold
frontière	frontier
G	
gagner	gain *(to)*
gagner sa vie	make a living *(to)*
garage	garage
garde *(un)*, gardien	guard
garder	keep *(to)*
garder à l'esprit	keep in mind *(to)*
garder le contact	keep in touch *(to)*
gare, station *(métro)*	station
garer	park *(to)*
gaspiller, perdre	waste *(to)*
gâteau au chocolat très riche	mississippi mud pie
gâter, gâcher	spoil *(to)*
gauche *(tourner à gauche)*	left *(go left, turn left)*
gaz de camping	camping stove
geler	freeze *(to)*
gêner	embarrass *(to)*, bother *(to)*
générer	generate *(to)*
génial	great *(argot)*
gens *(aussi: mes parents)*	folks *(argot) (my folks)*

gentillesse	kindness
gérer	run *(to)*
gérer	manage *(to)*
gérer, mener	head *(to)*
gifler, taper	slap *(to)*
glace	ice cream
glace dans une boisson gazeuse	ice cream soda
glisser	slip *(to)*
gonzesse, bonne femme	broad *(vulgaire US)*
gosse	kid *(argot)*
goûter	taste *(to)*
gradins	bleachers *(US)*, stands *(UK)*
grandir	grow up *(to)*
grands comptes	large accounts
griller	grill *(to)*
gris	gray *(US)*, grey *(UK)*
guichet, comptoir	counter
guide touristique	tourist guide
H	
h.s. *(être) (mon dos est h.s.)*	out *(to be) (my back is out) (argot)*
habiter, vivre	live *(to)*
habituel *(comme d'habitude)*	usual *(as usual)*
hachis parmentier	shepherd's pie
haine	hatred
haïr	hate *(to)*
haricots	beans
haricots blancs dans une sauce tomate *(typique UK)*	baked beans
haut	high
hauteur	height
hésiter	hesitate
heure	hour
heures d'ouverture	business hours
heureusement	fortunately
heureux	happy
hier	yesterday
hindoue	hindu
histoire mélodramatique, larmoyante	sob-story

hocher la tête	nod *(to)*
homme des cavernes	caveman
honnête	honest, upstanding
honte, dommage *(c'est dommage, quel dommage)*	shame *(it's a shame, what a shame)*
honteusement	shamefully
hôpital	hospital
hôte	host
hôtesse de l'air	stewardess
huile	oil
humide	moist
hurler	howl *(to)*
I	
ici	here
ici même / juste là	right here / there
idée géniale	brainwave
idiot	dumb *(US) (argot)*
ignorer *(ne pas prêter attention à)*	ignore *(to)*
il y a *(il y a dix ans)*	ago *(ten years ago)*
imaginer	imagine *(to)*
immeuble de bureaux	office building
impliquer	involve *(to)*
impoli	rude
impressionner, faire bonne impression	impress *(to)*
imprimer	print *(to)*
incliner	tilt *(to)*
inconnu	unfamiliar
inconnu *(un)*	stranger
incroyable, étonnant	incredible, amazing
indien d'amérique, amérindien	native american
industrie de l'informatique	IT industry *(IT: Information Technology)*
industriel *(adj)*	industrial *(adj)*
informer	inform *(to)*
informer qq'un	let someone know *(to)*
informer, briefer	brief *(to)*
insaisissable	elusive
insatisfait	dissatisfied

instantané	instant
intelligent *(US)* ; qui se présente bien *(UK)*	smart
intense *(douleur)*	excruciating *(pain)*
intercepter	intercept *(to)*
interrompre *(conversation)*	cut in *(to)*, interrupt *(to)*
intervention *(conférence)*	presentation
intuition	gut-feeling *(argot)*
invité	guest
inviter	invite *(to)*
IRM *(imagerie par résonance magnétique)*	MRI *(magnetic resonance imaging)*

J

jalousie	jealousy
jamais	ever, never
jardin potager	vegetable patch
jet ski	jet ski
jeter	throw *(to)* ; throw *(to)* away
jeton	token
jeune *(adj)*	young
jeune fille qui fait son entrée dans le monde *(archaïsme culturel US)*	debutante
jeux	games
joie	joy
joindre l'utile à l'agréable	mix business and pleasure *(to)* *(expr. idiom.)*
joli	pretty *(purty: déformation de pretty)*
joli, ravissant	lovely
joue	cheek
jouer	play *(to)*
jouer *(au casino)*	gamble *(to)*
jouer avec, de	toy with *(to)*
jouer comme un dûr, être un dûr	play hardball *(to)* *(argot US)*
jour, journée	day
journal *(intime)*	diary
jubilatoire	jubilant
juif	jewish
justifier	justify *(to)*

L

la vie moderne, rapide *(la vie du jet-set…)*	life in the fast lane *(expr. idiom.)*
là-bas	down there, out there
laisser partir, lâcher qqun *(acquitter)*	let someone off *(to)* *(argot)*
laisser tomber, lâcher *(to)*	let go of something
laisser, permettre	let *(to)*
lait de soja	soymilk
lancer	throw *(to)*
lancer *(la balle dans le baseball)*	pitch *(to)*
larguer, laisser tomber	drop *(to)*
laver	wash *(to)*
le bienvenu *(être)* *(mais: je vous en prie)*	welcome *(to be)* *(you're welcome)*
le grand air, la nature	great outdoors *(the)* *(expr. idiom.)*
le temps	weather
le temps perdu par les employés *(baisse de productivité)*	downtime
léger	light
lent, ennuyeux	dull
les 'grandes écoles' US *(Harvard, MIT…)*	ivy league
les deux, tous les deux	both
les gars, les mecs, les filles	guys *(argot)*
lever, élever	raise *(to)*
levier	lever
liberté	freedom
ligne *(avoir la)*	figure *(to have a good)*
limite de vitesse	speed limit
lisse, facile	smooth
louer	rent *(to)*
lourdement	heavily
lui-même, *(se dit)*	himself *(says to himself)*
lunettes de plongée	goggles
lycée	high school *(US)*

M

machine à sous *(casino)*	slot-machine
mâchoire	jaw
mains	hands
maintenant	now
mais pas du tout ! oh que non !	goodness no !
maison à deux étages, mitoyenne	townhouse *(US)*
maison à un seul étage	ranch-house *(US)*
maîtriser *(la situation)*	have it covered *(to)* *(argot)*
maîtriser, apprendre à faire	get the hang of *(to)* *(argot)*
mal *(il n'y a pas de mal)*	harm *(no harm done)*
mal à l'aise	uncomfortable, uneasy
malade	ill ; sick *(US)*
malin (sourire malin)	knowing *(knowing smile)*
manie	mania
manière	manner
manipuler, faire face	handle *(to)*
manquer, faire défaut	lack *(to)*
marché	market
marché où les agriculteurs vendent leur propre production	farmers' market
marche, étape	step
marcher	walk *(to)*
marquer une pause	take a break *(to)*
marteau	hammer
masser	massage *(to)*
match de football	football match *(UK)*, soccer game *(US)*
matelas gonflable	inflatable mattress
matériel, installations, supports	facilities
matraquage *(médiatique)*	hype
maudit	accursed
mécanicien	mechanic
médicament pour les problèmes gastriques passagers	antacid
meilleur *(le)*, mieux *(le)*	best
meilleur, mieux	better
mélanger, se mélanger	mix *(to)*, blend in *(to)*
membre de l'église épiscopale	episcopalian
ménage *(faire le)*	housekeeping
mener, emmener	lead *(to)*
menteur	liar
mentir ; s'allonger	lie *(to)*
merci	thanks / thank you
merci bien !	thank you very much; thanks a lot… *(thank you kindly: expr. idiom. du sud des US)*
mériter	deserve *(to)*
messagerie *(téléphonique)*	voice-mail
messe	service *(chuch)*, mass
mesurer	measure *(to)*
méthodiste	methodist
métro	underground / tube *(UK)* ; subway *(US)*
mettre	put *(to)*
mettre à jour, tenir au courant	update *(to)*
mettre en attente *(au téléphone)*	put on hold *(to)*
mettre en boîte *(de conserve)*	can *(to)*
mettre l'accent sur, souligner *(un point)*	insist *(to)* *(on something)*
miel	honey
mince, sans graisse *(viande)*	lean *(adj)*
mode; façon *(de faire)*	fashion
modèle de réussite	role model
moi-même *(je me dis)*	myself *(I tell myself)*
moins	less
mois	month
moitié, demi	half
mon petit, ma petite	babykins *(idiom.)*
monsieur l'agent	officer
monter	get on *(to)*
monter *(une tente)*	pitch *(to)*
monter, escalader	climb *(to)*

montrer	show (to)
montrer *(du doigt)*	point (to)
morceaux de poulet rôtis dans une marinade spéciale *(plat indien)*	tikka
mordiller	gnaw *(to)*
mordre, piquer *(insecte)*	bite *(to)*
mourir	die *(to)*
mulet	mule
multiracial	multiracial
murmurer	mumble *(to)*
musculaire	muscular
musulman	muslim
N	
n'importe qui, quelqu'un	anyone
nager	swim *(to)*
nager avec un tuba	snorkelling
naître	be born *(to)*
nana, gonzesse	chick *(vulgaire)*
navette	shuttle
ne pas aimer	dislike *(to)*
ne..guère, à peine	barely, hardly
nettoyer	clean *(to)*
neveu	nephew
nom de jeune fille	maiden name
nommer	name *(to)*
non	nope *(argot)*
non plus	neither
non plus, soit, ou bien	either
notifier, informer	notify *(to)*
nourrir	feed *(to)*
nourriture	food, fare
nourriture malsaine, snacks, malbouffe *(pizzas, chips, etc…)*	junk food
numéro de compte	account number
O	
objet personnel	personal thing, item
obligé de *(être)*	have to *(to)*
obliger, forcer	force *(to)*
obtenir, recevoir, comprendre	get *(to)*
occupé	busy
œuf	egg
œufs durs frits dans une pâte épaisse (plat écossais)	scotch eggs
omettre	skip *(to)*
oncle	uncle
onde ; vague	wave
optimiste	optimistic
orateurs de hyde park *(qui montent sur une caisse pour haranguer les foules…)*	soap box orators
ordinateur	computer
organiser	organize *(to)*
ouais	yeah, yep, yup *(argot)*
oublier	forget *(to)*
outil	tool
outremer, international	overseas
ouvert	open
ouvrir; s'ouvrir	open *(to)*
P	
paiement par carte de crédit	charge
paiements swift	swift payments
paillasson	doormat
pain indien	nan
palmarès publié par le magazine *Fortune* des 500 entreprises les plus rentables aux US	Fortune 500
palmes	flippers
panne	breakdown
panneaux	signs
pantalons	pants
papiers d'identité	ID
papiers d'immatriculation d'une voiture	registration *(US)*
paquet, dossier	packet
par exemple	for instance
par là, là-bas	over there
paraître, apparaître	appear *(to)*
paraître, sembler	seem *(to)*
paralysé	paralyzed
parasite *(être un)*	free-loader *(argot)*

parcourir *(un document)*, traverser	go through *(to)*
pardonner	forgive *(to)*
parfois, de temps en temps	sometimes
parfum, arôme	flavor
parier	bet *(to)*
parking	parking lot
parler	speak *(to)*, talk *(to)*
part, participation, action (finances)	share
partager	share *(to)*
partant pour *(être)* *(ça te dit ? ça te branche ?)*	up for *(to be)* *(are you up for it?)* *(argot)*
partenaires	partners
participer à, être impliqué dans	involved in *(to be)*
particuliers	private individuals
partie centrale des US	midwest
parties constituant un jeu de baseball / cricket	inning
partir *(en avion)*	fly out *(to)*
partir à la retraite	retire *(to)*
partir, laisser, quitter	leave *(to)*; run off *(to)* *(argot)*
partout	everywhere
pas branché	square *(argot)*
pas prometteur	unpromising
passer	pass *(to)*
passer du temps ensemble	hang out *(to)* (argot)
passer le temps	kill time *(to)* (argot)
passer, dépenser	spend *(to)*
passer; rendre visite	stop by *(to)* *(argot)*
patates douces	sweet potatoes; yams
pâté de maison	block
pause déjeuner	lunch hour *(lunch break)*
pays	country
pêche (partir à la)	fishing *(to go)*
pectoraux	pectoraux, pecs *(argot)*
peignoir	dressing gown
pelle	shovel
pelouse, herbe *(on veut toujours ce qu'on n'a pas)*	grass *(dicton : the grass is always greener on the other side)*
pendant	during
pendre, suspendre	hang *(to)*
péniche	barge, houseboat
penser	think *(to)*
penser de, penser à	think *(to)* of
perdre	lose *(to)*
permettre	allow *(to)*
permis	license *(US)* *(licence: UK)*
personne originaire du sud	southerner
personnel	staff
perspectives	prospects
perte	loss
petit pavillon pour des amis	guesthouse
peu importe, quoi que ce soit	whatever
peu, un bout *(à tout à l'heure, à tout de suite)*	bit *(I'll see you in a bit)*
peut-être	maybe
philatélie	stamp-collection
pic *(de tente)*	pick
pièce	room
pièce de théâtre	play
pieds	feet *(pluriel de foot)*
piéton	pedestrian
piger	get *(to)* *(argot)*, figure out *(to)* *(argot)*
pincement	twinge
pincer	pinch *(to)*
pionnier	pioneer
pire *(le)*	worst
pire *(pire que)*	worse *(worse than)*
piscine	pool
place *(de théâtre)*	ticket
plainte, grief	complaint
plaire à	please *(to)*
plaisanter	joke *(to)*, kid *(to)* *(argot)*
planche à voile	wind-surfing
plancher	floor

planifier	plan *(to)*
plateau	tray
pleurer	weep
pleuvoir doucement *(crachin)*	drizzle *(to)*
plus	more
plus intime, chaleureux *(espace, maison)*	cozier *(cozy)*
plus tard	later
plus tard	later
poche	pocket
poignarder	stab *(to)*
poil(s)	hair(s)
point de vue, avis	point of view
poire	pear
poisson	fish
poker déshabilleur	strip poker
police spéciale des autoroutes; gendarmes	highway patrol *(typique de l'ouest des US)*
policier londonien	bobby *(argot UK)*
policier, flic	cop *(argot)*
politique *(une)*	policy
pomme	apple
pommes de terre	potatoes
pont	bridge
pont *(sur une route)*	overpass
porte	door
porte-bonheur	good luck charm
portefeuille *(financier)*	portfolio
portefeuille *(porte-monnaie)*	wallet
porter *(apporter)*	carry *(to)*
porter (vêtements)	wear *(to)*
portion	portion
position ; poste *(à pourvoir)*	position
posséder	own *(to)*
poster	mail *(to)* *(US)*; post *(to)* *(UK)*
potage épais aux palourdes	clam chowder
poulet rôti dans une marinade spéciale (plat indien)	tandoori
pouls	heart rate
pour l'instant, encore *(pas encore, pas pour l'instant)*	yet *(not yet)*

pourri ; très mal (je me sens très mal)	rotten (I feel rotten)
poursuivre	pursue *(to)*
pousser	push *(to)*
pousser, augmenter	grow *(to)*
pouvoir	be able *(to)*
pratiquement	virtually
précautions	precautions
prêcher	preach *(to)*
précis	accurate
préférer	prefer *(to)*
prendre	take *(to)*
prendre en compte	take into account *(to)*
prendre les choses en main	call the shots *(to)* *(argot)* ; take charge *(to)*
prendre un bain de soleil	sun-bathe *(to)*
préparer	prepare *(to)*
près de	close by, near
presbytérien	presbyterian
préscrire	prescribe *(to)*
présenter	present *(to)*
préservatif	condom
presse *(avoir de la bonne presse)*	press *(to get good press)*
pression de gonflage *(pneus)*	air pressure
prestations sociales toujours proposées par l'employeur *(US)* *(assurance maladie, retraite...)*	benefits
prêt / prète	ready
prêt à *(être)*	all set to *(to be)*
prétencieux	pretentious
prévoir *(un horaire)*	schedule *(to)*
principal	main
prix *(coût)*	price
procès	lawsuit
profiter de	take advantage of *(to)*
programmes de fidélité des compagnies aériennes	frequent flier program
promettre, assurer	promise *(to)*, assure *(to)*
promouvoir	promote *(to)*

proposer, offrir	offer *(to)*
provisions, emplettes	supplies
psy	shrink *(argot)*
puis, alors	then
puisque, depuis	since
pull, polaire	jersey
Q	
qualités de meneur	leadership *(qualities)*
quand on ne peut que gagner	win-win
que *(plus grand que)*	than *(bigger than)*
que même un idiot comprendrait	idiot-proof *(US argot)*
quelqu'un	someone
quelqu'un, n'importe qui	someone, anyone
quelquechose	something
quelquechose, n'importe quoi	anything
quelquepart	somewhere
quelques *(très peu, quelques)*	few *(very few, a few)*
questions, points	issues
qui a voyagé, qui est sophistiqué	well-traveled
qui ne prend aucun initiative, pas dynamique	slouch *(US argot)*
qui plaît à *(ce qui te plaît)*	take someone's fancy *(to)* *(takes your fancy)* *(argot)*
qui s'adapte facilement	adaptable
qui sort souvent en boîte de nuit	clubber *(argot)*
R	
raccrocher (au téléphone)	hang up *(to)*
racines	roots
radio *(médical)*	X-ray
raffiné *(des mets raffinés)*	classy, fine *(fine foods)*
rafting *(le)*	white-water rafting *(white water: écume des rapides)*
ralentir	slow *(to)*, slow down *(to)*
randonnée, marche	trek
ranimer, raviver	rekindle *(to)*

rapide	fast-paced, quick, swift
rappeler; se rappeler	recall *(to)*
rapport	report
rapporter, déclarer	report *(to)*
rassembler, cueillir; se rassembler	gather *(to)*
rater, manquer	miss *(to)*
rationaliser	rationalize *(to)*
rattraper	catch up with *(to)*
rave *(fête techno)*	rave
ravissant	stunning
réaliser, concrétiser	actualize *(to)*
rebelle	rebel
réception *(hôtel)*	reception, reception desk
réchauffer	warm *(to)*
recommender	recommend *(to)*
rédiger	draft *(to)*
redresser	straighten out *(to)*
réduction *(sur un prix)* discount *(US)*	concession *(UK)*,
réflexes	reflexes
refuser	refuse *(to)*
regarder	look *(to)*; look at *(to)*; watch *(to)*
regarder, jeter un coup d'oeil	take a look at *(to)*
regarder, mater	check out *(to)* *(argot)*
règles de la maison, de l'établissement	house rules
régner	reign *(to)*
regretter *(d'avoir fait qqch)*	regret *(to)*
rein, rognons	kidney
rejeter	reject *(to)*
remercier	thank *(to)*
remplacer	replace *(to)*
remplir *(formulaire)*	fill *(to)* ; fill out *(to)*
renard	fox
rencontre	encounter
rencontrer	meet *(to)*, encounter (to); run *(to)* into (idiom.)
rendezvous *(affaires, médecin)*	appointment

rendezvous *(galant)*	date
rendre visite à	visit *(to)*
renifler (flairer)	sniff *(to) (to sniff out)*
renverser le cours des choses	turn things around *(to)*
répéter	repeat *(to)*
répondeur	answering machine
répondre	answer *(to)* ; reply *(to)*
reposer	rest *(to)*
reprendre	take back *(to)*
réserver	reserve *(to)*
résoudre	solve *(to)*
résoudre, planifier, prévoir	work out *(to)*
respecter	respect *(to)*
responsable	official
restaurant	restaurant
restaurant bon marché où on sert principalement du steak, du poulet frit…	steakhouse
rester	stay on *(to)*
rester en contact	stay in touch with *(to)*
rester, loger, séjourner	stay *(to)*
résultat(s)	outcome, results
retours *(sur investissement)*	returns *(on investment)*
rétroviseur	rear-view mirror
réussir	succeed *(to)*
réussite	success
rêve	dream
revenir, répondre	get back *(to)*
revenir; rendre	return *(to)*
rêver	dream *(to)*
réviser	revise *(to)*
révision *(voiture)*	tune-up
révolte	uprising
rez-de-chaussée d'un hôtel	lobby
ricaner	chuckle *(to)*, snigger *(to)*
rien	nothing
rimer	rhyme *(to)*
rire	laugh *(to)*
rire (glousser)	giggle *(to)*
rire fort	guffaw *(to)*
rire sottement	titter *(to)*
rive	bank
rôtir	roast *(to)*
roue, volant	wheel *(steering wheel)*
rouge	red
rougir	blush *(to)*
rouler	roll *(to)*
route	road
rumeurs	rumors *(US)* *(UK: rumours)*
rusé	cunning
S	
s'accrocher à	cling *(to)*
s'adapter	fit in *(to)*
s'adosser, s'affaler lean back (to)	lean *(to)* ;
s'amuser, aimer, prendre plaisir à	enjoy *(to)*
s'approcher	approach *(to)*
s'arrêter sur le bord de la route	pull *(to)* over
s'assembler, se rassembler	assemble *(to)*
s'asseoir	sit (to) ; sit down *(to)*
s'attendre à	expect *(to)*
s'échapper, s'évader	get away *(to)*
s'échauffer, *(échauffement)*	warm up *(to)* *(warm-up)*
s'écrouler	collapse *(to)*
s'entendre bien	hit it off *(to) (argot)*
s'épanouir	fulfill oneself *(to)*
s'excuser	apologize *(to)*
s'habiller	dress *(to)*
s'il vous/te plaît	please
s'installer	settle in *(to)* ; get settled *(to)*
s'intéresser, se soucier	care *(to)*
s'occuper de, protéger les intérêts de	look out for *(to)* *(argot)*
s'occuper de, servir	cater to *(to)*
sable	sand
sac de couchage	sleeping bag
sain, en bonne santé *(santé)*	healthy *(health)*

sain, naturel	wholesome
salaire	salary
sale	dirty
salle	room
salle de réunions	conference room
salon pour les voyageurs en classe affaires	business lounge
sans	without
sans enjeu ; informel *(vêtements informels)*	casual *(casual clothes)*
sans préparation, tout de suite	right off the bat *(US argot)*
sans sommeil	sleepless
saoul	drunk *(to be)*
satisfaire à	satisfy *(to)*
saucisses	sausages
sauf, excepté	except
sauter	leap *(to)*
sauver, économiser	save *(to)*
savoir, connaître	know *(to)*
scanner *(médecine)*	CAT scan
scéne musicale	music scene
scintiller, pétiller	sparkle *(to)*
sculpteur	sculptor
se calmer, rester tranquille	take it easy *(to)* *(argot)*
se concentrer	concentrate *(to)*
se débarrasser de	get rid of *(to)*
se demander	wonder *(to)*
se déshabiller	strip *(to)*
se faire pardonner	make it up to *(to)* *(argot)*
se laisser emporté(e)	get carried away *(to)*
se lever	get up *(to)*
se lier d'amitié avec	befriend *(to)*
se mêler *(aux gens dans une soirée)*	mingle *(to)*
se mélanger, se fondre dans la masse	blend in *(to)*
se mettre debout	stand *(to)*
se moquer de	mock *(to)*
se plaindre	complain *(to)*
se précipiter	rush *(to)*
se promener, flâner	stroll *(to)*
se rappeler, se souvenir	remember *(to)*
se rendre inatteignable	play hard to get *(to)* *(argot)*
se reposer	relax *(to)*
se retenir, se contrôler	hold back *(to)*
se retirer, reculer	pull away *(to)*
se sentir gêné	awkward *(to feel)*
se soucier, s'inquiéter de	worry *(to)*; worry about *(to)*
se stabiliser	stabilize *(to)*
se terminer, s'avérer	turn out *(to)* *(argot)*
se tortiller, être mal à l'aise	squirm *(to)*
se tromper *(tu as tout faux !)*	get something wrong *(to)* *(you've got it all wrong!)*
seau	bucket
sec	dry
sécretaire	secretary
sectarisme	bigotry
sécurité *(services de)*	security
séduire	seduce *(to)* ; sweep someone off their feet *(to)* *(expr. idiom.)*
séjour	stay ; trip
sensible	sensitive
sensuellement	seductively
sentimental, à l'eau de rose	soppy
sentir *(odeur)*	smell *(to)*
sentir, ressentir	feel *(to)*
serrer *(les dents)*	grit *(your teeth)* *(to)*
serrer la main à	shake hands with *(to)*
serveur	waiter
service	department
servir	serve *(to)*
seul	alone
seul, unique, célibataire	single
seulement	merely
si *(voir si)*	whether *(to see whether)*, if
siège	seat
siège *(de société)*	headquarters
sieste	nap
signer	sign *(to)*
signes vitaux	vital signs

signifier, vouloir dire	mean *(to)*
sinon	otherwise
ski nautique *(faire du)*	water-skiing *(to go)*
skier	ski *(to)*
snob	highbrow
société, entreprise	company
soie	silk
soigner, gérer ; s'occuper de	take care of *(to)*; look after *(to)*
soleil	sun
songer, être rêveur	daydream *(to)*
sonner *(sonnerie)*	ring (to)
sonner, avoir l'air de	sound (to)
sonnerie, sonnette	buzzer ; doorbell
sortie *(autoroute)*	exit ; off-ramp
sortir	exit *(to)*
sortir *(sortez ! dehors !)*	get *(to)* out *(get out !)*
sortir	out on the town *(to go) (expr. idiom.)*
sortir en voiture ; faire une excursion	drive out *(to)*
soudain, tout à coup	suddenly
souffle, respiration	breath
souffrir	suffer *(to)*
souhaiter, avoir envie	wish *(to)*
soulagement *(quel soulagement, encore heureux !)*	relief *(what a relief, that's a relief)*
soupçonner	suspect *(to)*
souple	flexible
sourcils	eyebrows
sourire	smile *(to)*, smile *(a)*
sous, au dessous de	under
sous-vêtements	underwear
sous-vêtements chauds	long johns
soutenir *(consoler)*	cheer *(to)* *(to cheer up)*
soutien	support
souvent	often
spacieux	spacious
speak up *(to)*	s'exprimer, parler franchement
stable, équilibré	even
stade	stadium
stand de tirs	shooting range
star de cinéma	movie-star
statue de la liberté	statue of liberty
steak avec un os en T	T-bone steak
stressant	stressful
style de vie	lifestyle
subtil	subtle
suffisant, suffisamment	enough
suivre	follow *(to)*
suivre leur cours *(laisser les choses)*	take their course *(let things)*
super, génial, immense	tremendous
supplier, mendier	beg *(to)*
supporter, survivre *(elle tient le coup)*	hold up *(to) (argot) (she's holding up well)*
supposer	suppose *(to)*
sur le point de *(être)*	about to *(to be)* ; on the verge of *(to be)*
sûrement ; sûr *(être)*	for sure *(argot)*
surmonter *un amour)*	get over *(to) (oublier (get over someone) (argot)*
sursauter	start *(to)*, startled *(to be)*
surveillant de plage	lifeguard
survivre	survive *(to)*
T	
tabac	tobacco
tableau de bord	dashboard
tacte	tact
tandis que	whereas
tant que	as long as
tante	aunt
taper (à la machine)	type *(to)*
taper des mains, applaudir	clap *(to)*
taquiner	to tease
tarte	pie
tarte à la banane dans une crème épaisse	banana cream pie
tarte au fromage blanc et aux cerises	cherry cheesecake
tarte au pécans	pecan pie
tasse	cup
taupe	mole

taureau	bull
taux, prix	rate
téléphone cellulaire, mobile, portable	cell phone, mobile phone
télévision *(téloche)*	idiot box *(argot)*
tellement, un tel	such
témoins de Jehovah	Jehovah's Witnesses
temps, heure, fois *(quelle heure est-il ; chaque fois)*	time *(what time is it ; each time)*
tendu, difficile	strained
tenir	hold *(to)*
tenir les poids pour qqun dans la musculation	spot *(to) (bodybuilding)*
tenir, avoir une prise sur	grip on *(to have a, to get a)*
tension artérielle	blood pressure
tentant, alléchant	inviting
tente	tent
termes	terms
terminer, finir	finish *(to)*
test, essai, examen	test
tête en l'air	absentminded
têtu	stubborn
tic, mouvement convulsif, sursaut	twitch
timbre, tampon	stamp
tirer	pull *(to)*
tirer *(argot)*	yank *(to)*
tirer sur *(fusil)*	shoot *(to)*
titulaire de compte *(banque)*	account-holder
toi-même *(ne te détruis pas)*	yourself *(don't destroy yourself)*
tolérer	tolerate *(to)*
tomber	fall *(to)*
tôt	early
totalement	utterly
toucher	touch *(to)*
toucher du coude	nudge *(to)*
tourner *(sur la route)*	turn *(to)*, to make a turn
tourner de, sortir de *(la route)*	turn off *(to)*
tourner, se retourner	turn *(to)*
tourte au boeuf et aux rognons	steak and kidney pie
tous les jours	everyday
tout de suite	on the double *(argot)* ; right now / away
tout neuf	brand new
tout… *(toutes les semaines)*	every *(every week)*
toute une vie *(occasion qui vient une fois dans la vie)*	lifetime *(opportunity of a lifetime)*
tout-nouveau	all-new
traditionnel, conservateur	old-fashioned
traiter	treat *(to)*
tranche, part *(gâteau)*	slice
transférer	transfer *(to)*
transports en commun	public transport
travailler	work *(to)*
travailler dur	work hard *(to)*
traverser	cross *(to)*
très beau/belle, ravissant	gorgeous
très bien, d'accord	all right
très mal, affreux	awful
triste	sad
triste, offensé	upset *(to be)*
trop *(trop sec)*	too *(too dry)*
trop, excessif	over; overly *(US)*
troquer, vendre et acheter, échanger	trade *(to)*
trouver	find *(to)*
trouver son égal *(to)*	meet one's match
trouver un lien avec, un terrain d'entente avec	relate to *(to)*
trouver, situer	locate *(to)*
truc, tour *(tour de magie ; faire marcher)*	trick *(magic trick ; to do the trick)*
tuer	kill (to)
U	
un peu *(quelque peu)*	somewhat
un vrai défi	a real handful *(expr. idiom.)*

un vrai… un putain de…	heck of a *(argot US: pour éviter de dire hell qui serait blasphématoire on dit heck)*
une baisse des prix sur le marché boursier	bearish
une batte *(baseball, cricket)*	bat
une fois	once
une hausse des prix sur le marché boursier	bullish
unitarien	unitarian
urgences	ER *(Emergency Room)*
utiliser	use *(to)*
V	
vacances	vacation
valeur	value
valeurs boursières	stocks
valeurs conservatrices concernant la famille	family values *(expr. très utilisée par la droite amér.)*
véhicule	vehicle
vendre	sell *(to)*
vengeance	revenge
venir	come *(to)*
venir chercher	pick up *(to)*
vent *(beaucoup de)*	windy
ventre musclé, carrés de chocolat	washboard *(argot)*
vérifier	check *(to)*
véritable	actual
vérité	truth
vers ici, par ici, d'ici	around here
vers, envers	toward(s)
vert	green
vertèbres	vertebrae
veste formel, smoking	dinner jacket
veste, blouson	jacket
viande	meat
vie nocturne	nightlife
viens ici, viens à la maison !	come over !
vieux *(mon)*	daddy-o *(argot US)*
vieux jeu, ennuyeux	fuddy-duddy *(US argot)*
vieux, vieille	old
vigne	vine
vignoble	vineyard
virement électronique	wire-transfer
virer, licencier	fire *(to) (argot US)*
visite	tour
visiter *(faire du tourisme)*	sight-see *(to) (to go sight-seeing, to see the sights)*
voie sans issue	dead-end
voilier *(faire de la voile)*	sail boat *(to go sailing)*
voir	see *(to)*
voiture avec chauffeur	chauffeur-driven
voiture de police	police car
voler *(dans l'air)*	fly *(to)*
voler *(voleur)*	steal *(to)*
volley de plage	beach volleyball
vouloir	want *(to)*
vouloir bien *(je veux bien)*	mind *(to not) (I don't mind)*
vouloir que qqun fasse qqch	want someone to do something *(to)*
voyage	journey, trip
voyager	travel *(to)* ; take a trip *(to)*
vrai, véritable	true
vraiment… diablement	darn *(argot: pour éviter de dire damn qui serait blasphématoire on dit darn)*
vue *(vue sur la mer)*	view *(sea-view)*
vulgaire	cheap
Y	
yeux	eyes
Z	
zapper	flip channels *(to)*
zone de catastrophe	disaster area *(littéralement et au sens figuré)*
zone, quartier	district

LEXIQUE ANGLAIS/FRANÇAIS

A

a lot (*of*)	beaucoup (*de*), plusieurs
a.m. (*5 a.m.= 5 heures*)	de minuit à midi
about to (*to be*)	sur le point de (*être*)
absentminded	tête en l'air
accelerate (*to*)	accélérer
accept (*to*)	accepter
account for (*to*)	expliquer
account number	numéro de compte
account-holder	titulaire de compte
accurate	précis
accursed	maudit
ache (*to*) (*my leg aches*)	faire mal (*ma jambe me fait mal*)
achieve (*to*)	accomplir
across	en face, de l'autre côté
actual	véritable
actualize (*to*)	réaliser
actually	en réalité, véritablement
adaptable	qqun qui s'adapte facilement
add (*to*)	ajouter, rajouter
admit (*to*)	admettre, avouer
affectionately	affectueusement
afraid of (*to be*)	avoir peur
afresh (*to start afresh*)	à nouveau (*repartir à zéro*)
after	après
afternoon	après-midi
afterwards	après, plus tard
again	encore une fois
against	contre
ago (*ten years ago*)	il y a (*il y a dix ans*)
agree (*to*)	être d'accord
ahead	devant
air pressure	pression de gonflage (*pneus*)
alarm	alarme, réveil
alcohol	alcool
all right	très bien, d'accord
all set to (*to be*)	être prêt à
all-american	à 100% américain
all-new	tout-nouveau
allow (*to*)	permettre
alone	seul
already	déjà
also (*I also want it*)	aussi (*je le veux aussi*)
amazing	incroyable, étonnant
ambulance	ambulance
american football	football américain
ancestor	ancêtre
announcement	annonce
answer (*to*)	répondre
answering machine	répondeur
antacid	médicament pour les problèmes gastriques passagers
anxious, nervous	angoissé(e)
anyone	n'importe qui, quelqu'un
anything	quelquechose, n'importe quoi
anyway	de toute façon
apologetically	en s'excusant
apologize (*to*)	s'excuser
appear (*to*)	paraître, apparaître
applause	applaudissements
apple	pomme
appointment	rendezvous (*d'affaires, chez le médecin*)
appreciate (*to*)	apprécier
approach (*to*)	s'approcher
arm	bras
around	autour de, vers
around here	vers ici, d'ici
arouse (*to*)	eveiller
arrivals (*airport, station*)	arrivées (*aéroport, gare*)

arrive (*to*)	arriver
as long as	tant que
as soon as	dès que
asian (*inclut les indiens, pakistanais, etc…*)	asiatique, d'asie
aside	(*mis*) à part, (*mettre*) de côté
ask (*to*)	demander
ass (*vulgaire*) (US)	cul
assemble (*to*)	s'assembler
asset	avantage ; actif
assistant	assistant(e)
assure (*to*)	promettre, assurer
at all costs	à tout prix
attractive	attrayant(e), séduisant(e)
aunt	tante
available, availability	disponible, disponibilité
avoid (*to*)	éviter
await (*to*)	attendre
aware of (*to be, to become*)	conscient de (*être, devenir*)
awful	très mal, affreux
awkward (*to feel*)	se sentir gêné
B	
babykins (*argot*)	mon petit, ma petite
back	dos
backbone (*the backbone of*)	colonne vertébrale (*le pivot de*)
baked beans	haricots blancs dans une sauce tomate (typique UK)
banana cream pie	tarte à la banane dans une crème épaisse
bank	banque ; rive
baptist	baptiste
barely	ne… guère, à peine
barge (*a*)	barge, péniche
basic	de base
basically (*expr. idiom.*)	en fait
bat	une batte (*baseball, cricket*)
bat (*to*)	frapper la balle (*baseball, cricket*)
be (*to*)	être
be able (*to*)	pouvoir
be born (*to*)	naître
beach volleyball	volley de plage
beans	haricots
bearish	une baisse des prix sur le marché boursier
beastly (*luck*)	affreux ; dommage (*c'est*)
beat (*to*)	battre
become (*to*)	devenir
beef	bœuf
beep (*to*)	faire *bip*
before	avant
befriend (*to*)	se lier d'amitié avec
beg (*to*)	supplier, mendier
begin (*to*)	commencer
beginning	début
behind (*her behind*)	derrière (*son derrière*)
believe *in* (*to*)	croire *en*
believe (*to*)	croire
belly	estomac (*bide*)
beltway (US), ringroad (UK)	boulevard périphérique, rocade
bench press	banc de musculation
benefits	prestations sociales toujours proposées par l'employeur (US) (*assurance maladie, retraite…*)
best	meilleur (le), mieux (le)
bet (*to*)	parier
better	meilleur, mieux
between	entre
bigotry	sectarisme
bike (*to*), biking (*to go*) (*ride a bike*)	faire du vélo

bit (*I'll see you in a bit*)	un peu, un bout (*à tout à l'heure, à tout de suite*)bite (*to*) mordre, piquer (*insecte*)
bite-size	de la taille d'une bouchée
blame (*to*)	blâmer
bleachers (US), stands (UK)	gradins
blend (*to*)	mélanger
blend in (*to*)	se mélanger, *se fondre dans la masse*
blind	aveugle
block	pâté de maison
blood pressure	tension artérielle
blush (*to*)	rougir
board (*to*)	embarquer (*avion, train*)
boat	bateau
bobby (*argot* UK)	policier londonien
bore (*to*)	ennuyer
both	les deux
bottom	le bas, les fesses
bowl	bol
brain	cerveau
brainwave	une idée géniale
brand new	totalement neuf
break (*to*)	casser
breakdown	panne
breastfeed (*to*)	allaiter
breath	souffle, respiration
breathalyser	alcotest
breeding	bonnes manières
bridge	pont
brief	bref, court
brief (*to*)	informer, *briefer*
bright (*bright side*)	clair (*lumineux*) (*côté positif*)
bring (*to*)	apporter
broad (*vulgaire* US)	gonzesse, bonne femme
brooch	broche (*bijou*)
bucket	seau
budge (*to*)	bouger
buffet table	buffet
build (*to*)	construire
bulky	fort, corpulent
bull	taureau
bullish	une hausse des prix sur le marché boursier
business hours	heures d'ouverture
business lounge	salon pour les voyageurs en classe affaires
busy	occupé
buy (*to*)	acheter
buzzer	sonnerie, sonnette

C

cakewalk (*argot*) (*it's no cakewalk*)	facile (*c'est pas de la tarte !*)
calculate (*to*)	calculer
call (*to*)	appeler, nommer
call the shots (*to*)	prendre les choses en main
calling card	carte téléphonique
camp (*to*), camp out (*to*)	camper
camping chair	chaise de camping
camping stove	gaz de camping
can (*to*)	mettre en boîte (*de conserves*)
cancel (*to*)	annuler
candy (US)	bonbons
card, visiting card, business card	carte de visite
care (*to*)	s'intéresser, se soucier
careful (*to be*)	faire attention
careless	d'inattention
carry (*to*)	porter (*un objet*)
cash	argent liquide, espèces
cash register	caisse (*dans un magasin*)
casual (*casual clothes*)	sans enjeu (*vêtements informels*)
CAT scan	scanner

catch up with (*to*)	rattraper
catch (*to*)	attraper
cater to (*to*)	s'occuper de, servir
cause (*to*)	causer (*être la cause de*)
caveman	homme des cavernes
cell phone, mobile phone	téléphone cellulaire, mobile, portable
cfo (chief financial officer)	directeur financier
chagrin	déception
change / exchange money (*to*)	changer de l'argent
change (*to*)	changer, se changer
channel	chaîne, canal
channel (*to*)	canaliser
charge	paiement par carte de crédit
charge (*at no extra charge*)	frais (*sans frais supplémentaire*)
charming	charmant
chauffeur-driven	voiture avec chauffeur
cheap	bon marché, vulgaire
check in (*to*)	enregistrer (*hôtel, aéroport*)
check out (*to*) (*argot*)	regarder, *mater*
check (*to*)	vérifier
checking account	compte chèques
cheek	joue
cheer (*to*) (*cheer up*)	soutenir (*consoler*)
cherry	cerise
cherry cheesecake	tarte au fromage blanc et aux cerises
chick	nana, gonzesse
chilly	frais, *frisquet*
chips (UK)	frites
chips (US) (*potato chips*)	*chips*
choice	choix
christian	chrétien
chuckle (*to*)	ricaner
cite (*to*)	citer, mentionner
clam chowder	potage épais aux palourdes
clap (*to*)	taper des mains, applaudir
classy	raffiné
clean (*to*)	nettoyer
clear (*to clear things up*)	clair (*éclaircir les choses*)
climb (*to*)	monter, escalader
cling to (*to*)	s'accrocher à
close by	près de, tout près
close (*to*)	fermer, conclure, clôturer
closed	fermé
closely	de près
clubber (*argot*)	qqun qui sort souvent en boîte de nuit
cocky	faire le malin
cold	froid
collapse (*to*)	s'écrouler
collard greens	feuilles de bettes
colleague	collègue
collect call	appel en PCV
come over !	viens ici, viens à la maison !
come to the point (*to*)	aller droit au but
come (*to*)	venir
comedian	comique (*un*)
company	société, entreprise
compass	boussole
competition	concurrence
complain (*to*)	se plaindre
complaint	plainte, grief
computer	ordinateur
concentrate (*to*)	se concentrer
concession (UK)	réduction (*de prix*)
condom	préservatif
confederate	les états du sud des US pendant la guerre de sécession
conference room	salle de réunions
confirm (*to*)	confirmer
consumerism	consumérisme
contact (*to*)	contacter
contest	concours, compétition

contort (*to*)	contorsionner
contrast (*to*)	contraster
convert (*to*)	convertir, se convertir
cooped up (*to be*)	enfermé (*être, se sentir*)
cop (*argot*)	policier, *flic*
corporate	d'entreprise
correspond (*to*)	correspondre à; écrire des lettres
cosmopolitan	cosmopolite
could	auxiliaire de verbe pour exprimer le conditionnel
count on (*to*)	dépendre de, compter sur
count (*to*)	compter
counter	guichet, comptoir
country	pays
cover (*to*)	couvrir
cozier (cozy)	plus intime, chaleureux (*espace, maison*)
creek	crique
crisp	craquant (*un aliment*)
criticize (*to*)	critiquer
cross (*to*)	traverser
crow	corbeau
crowd	foule
cunning	rusé
cup	tasse
curve	courbe
curve (*to*)	courber
customer	client
cut in (*to*)	interrompre (*conversation*)
cut to the chase (*to*) (*argot*)	aller droit au but
cut (*to*)	couper
D	
daddy-o (*argot*)	vieux (*mon*)
damage	dégâts
dance (*to*)	danser
darling	chéri(e)
darn	(*argot*: pour éviter de dire *damn* qui serait vraiment... diablement blasphématoire on dit *darn*)
dashboard	tableau de bord
data	données
date	rendezvous (*galant*)
day	jour, journée
daydream (*to*)	songer, être rêveur
dead-end	voie sans issue
deal	contrat, coup
debutante	jeune fille qui fait son entrée dans le monde (*archaïsme culturel* US)
decaf	déca
decide (*to*)	décider
deckchair	chaise longue
declare (*to*)	déclarer
defend (*to*)	défendre
define (*to*)	définir
dejected	déçu, triste
delightful	charmant
demand (*to*)	exiger, réclamer
democracy	démocratie
deny (*to*)	démentir, nier
department	service
departures (*airport, station*)	départs (*aéroport, gare*)
depend (*to*)	dépendre
deposit (*to*)	déposer
depressed	déprimé
deserve (*to*)	mériter
designer	grande marque de mode
destroy (*to*)	détruire
detail (*to*)	détailler
diapers	couche-culottes
diary	journal (*intime*)
die (*to*)	mourir
different strokes (*expr. idiom.*)	chacun son truc...
dig up (*to*)	creuser, trouver
dine (*to*)	dîner (*verbe*)

dinner	dîner (*un*)
dinner jacket	veste formel, smoking
diplomacy	diplomatie
direct deposit	argent déposé directement sur un compte en banque
direct (*to*)	diriger
dirty	sale
disappointed (*to be*)	déçu(e)
disaster area (*littéralement*	zone de catastrophe *et au sens figuré*)
discreet	discret
discuss (*to*)	discuter
dislike (*to*)	ne pas aimer
dissatisfied	insatisfait(e)
district	zone, quartier
disturb (*to*)	déranger
ditch (*to*) (*argot*)	abandonner lâchement
diversify (*to*)	diversifier
do (*to*)	faire
done (*to be*)	avoir fini
door	porte
doorbell	sonnerie, sonnette
doormat	paillasson
double-decker	bus à deux niveaux
doubt	doute
down there	là-bas
downtime	le temps perdu par employé (*baisse de productivité*)
downtown (US), city centre (UK)	centre-ville
draft (*to*)	rédiger
dragon's lair	antre du dragon
draught beer	bière pression
dream	rêve
dream (*to*)	songer, rêver
dress (*to*)	s'habiller
dressing gown	peignoir
drink to (*to*)	boire à (*la santé de…*)
drink (*to*)	boire
drive out (*to*)	sortir en voiture; faire une excursion
drive (*to*)	conduire
drizzle (*to*)	pleuvoir doucement (*crachin*)
drop (*to*)	larguer, laisser tomber; chuter, diminuer
drunk (*to be*)	saoul
dry	sec
due for (*to be*) (*you are due for…*)	en attente de (*être*) (*il est temps que tu…*)
dull	lent, ennuyeux
dumb (US)	idiot (UK: *muet*)
during	pendant
E	
eagle	aigle
early	tôt
early bird… (de l'expression: *it's the early bird that catches the worm*)	*l'avenir appartient à qui se lève matin* (littéralement : *le premier oiseau attrape le ver*)
easily	facilement
eastern	de l'est
easy does it	attention (*allez-y doucement*)
e-banking	services de banque par internet
edible	comestible
egg	œuf
either	non plus, soit, ou bien
elderly (*elderly people*)	d'un âge avancé (*personnes âgées*)
elevator (US), lift (UK)	ascenseur
else(*anything else, anywhere else*)	autre (*autre chose, ailleurs*)
elusive	insaisissable
embark (*to*)	embarquer
embarrass (*to*)	gêner
employee	employé
encounter	rencontre

end	fin
enjoy (*to*)	s'amuser, aimer, prendre plaisir à
enough	assez, suffisant, suffisamment
enter (*to*)	entrer
entertainment	divertissement
episcopalian	membre de l'église épiscopale
ER (*Emergency Room*)	urgences
erase (*to*)	effacer
err (*to*)	faire une erreur
estimate (*to*)	évaluer, estimer
evangelist	évangéliste
even (*adj*)	equilibré, stable
event	événement
ever	jamais
every	chaque, tout...
every now and then	de temps à autre
everyday	tous les jours
everywhere	partout
except	sauf, excepté
exciting	enthousiasmant, intéressant
excruciating (*pain*)	intense (*douleur*)
excuse-me	excusez-moi ; pardon !
exhausting	épuisant
exist (*to*)	exister
exit	sortie
exit (*to*)	sortir
expand (*to*)	élargir, s'élargir
expect (*to*)	s'attendre à
expectantly	attendant (*en*) avec impatience
expenditures	dépenses
expertise	connaissance, maîtrise, savoir-faire
explore (*to*)	explorer
express mail	envoi express (*poste*)
express (*to*)	exprimer
extend (*to*)	étendre, prolonger, offrir

eyebrows	sourcils
eyes	yeux
F	
face	face, aspect, visage
facilities	matériel, installations, supports
fact	fait
fairly	assez
fall (*a*)	chute
fall (*to*)	tomber
family values (*expr. très utilisée par la droite amér.*)	valeurs conservatrices de famille
fancy précieux	de luxe, joli,
fare	nourriture
farm (*to*)	cultiver la terre
farmers' market	marché où les agriculteurs vendent leur propre production
fashion	mode; façon
fasten (*to*)	attacher (*ceinture*)
fast-paced	rapide
fax (*to*)	envoyer une télécopie, *faxer*
fear (*to*)	avoir peur
feed (*to*)	nourrir
feel like (*to*)	avoir envie de ; se sentir comme
feel (*to*)	sentir, ressentir
feet (*pluriel de foot*)	pieds
femininity	feminité
few (*very few, a few*)	quelques (*très peu, quelques*)
figurative	au sens figuré
figure (*to have a good figure*)	corps d'une femme (*avoir la ligne*)
figure out (*to*) (*argot*)	comprendre, piger
figures, statistics	chiffres, statistiques
fill in (*to*)	combler, remplir
fill out (*to*)	remplir
fill (*to*)	remplir
film-maker	cinéaste

financial	financier
find out (*to*)	découvrir, se renseigner
find (*to*)	trouver
fine (*I'm fine*) (*fine foods*)	bien (*je vais bien*) ; raffiné (*des mets raffinés*)
finish (*to*)	terminer, finir
fire (*to*) (*argot* US)	virer
first	d'abord, premier
fish	poisson
fishing (*to go*)	partir à la pêche
fit in (*to*)	s'adapter
flash (*to*)	clignoter
flatter (*to*)	flatter
flavor	parfum, arôme
flexible	souple
flip channels (*to*)	*zapper*
flippers	palmes
flirt (*to*)	draguer
floor	étage ; plancher
flow (*to*)	couler
fluent (*to speak fluent french*)	couramment (*parler couramment le français*)
fly in (*to*)	arriver (*en avion*)
fly out (*to*)	partir (*en avion*)
fly (*to*)	voler (*dans l'air*)
flying colors (*pass with*)	franc succès (*connaître un*)
focus (*to*)	concentrer son attention sur
folks (*argot*) (*my folks*)	gens (*mes parents*)
follow (*to*)	suivre
food	nourriture, repas
football match (UK), soccer game (US)	match de football
for instance	par exemple
for *someone's* sake	au nom de qqun, pour le bien de qqun
for sure (*argot*)	sûrement; sûr (*être*)
force (*to*)	obliger, forcer
forget (*to*)	oublier
forgive (*to*)	pardonner
fortunate	chanceux
fortunately	heureusement
Fortune 500	palmarès publié par le magazine *Fortune* des 500 entreprises les plus rentables aux US
fox	renard
frame	cadre (*photo*)
freedom	liberté
free-loader (*argot*)	parasite (*être un*)
freeway (*terme typique de l'ouest des* US)	autoroute
freeze (*to*)	geler
Frenchman	français
frequent flier program	programmes de fidélité des compagnies aériennes
from time to time	de temps en temps
frontier	frontière
fruit tree	arbre fruitier
fry (*to*)	faire frire
fuddy-duddy (US argot)	vieux jeu, ennuyeux
fulfill oneself (*to*)	s'épanouir
full (*to be*)	avoir bien mangé (*quantité*)
funny	drôle
fussy	difficile à plaire, snob, *précieux*
G	
gain (*to*)	gagner
gal (*argot*)	fille
gamble (*to*)	jouer (*au casino*)
games	jeux
garage	garage
gather (*to*)	rassembler, cueillir; se rassembler
gazebo	belvédère
gear	equipement, matériel
generate (*to*)	générer
get (*to*) (*argot*)	comprendre, *piger*
get (*to*) (*disease*)	attraper (*maladie*)
get a kick out of (*to*) (*argot*)	aimer, apprécier

get away (*to*)	s'échapper, s'évader
get back (*to*)	revenir, répondre
get carried away (*to*)	se laisser emporté(e)
get on (*to*)	monter
get on someone's nerves (*to*)	agacer quelqu'un
get out (*to*) (*get out* !)	sortir (*sortez* ! *dehors* !)
get over (*to*) (*get over someone*)	surmonter (*oublier un amour*)
get rid of (*to*)	se débarrasser de
get settled (*to*)	s'installer
get someone to do something (*to*)	faire faire qqch à qq'un
get something wrong (*to*) (*argot*) (*you've got it all wrong*)	se tromper (*tu as tout faux* !)
get somewhere (*to*), get to a place (*to*)	arriver qqpart
get the hang of (*to*) (*argot*)	maîtriser, apprendre à faire
get to do (*to*)	avoir l'occasion de faire
get up (*to*)	se lever
get (*to*)	obtenir, recevoir, comprendre
gift	cadeau
giggle (*to*)	rigoler
gingerly	doucement, en faisant très attention
give up (*to*)	abandonner, laisser tomber
give (*to*)	donner
glue	col (*la*)
gnaw (*to*)	mordiller
go ahead (*to*) (*go ahead*)	continuer (*allez-y*)
go for (*to*) (*go for it!*)	vouloir, prendre (*vas-y* ! *n'hésite pas* !)
go into (*to*)	approfondir (*les connaissances*)
go on (*to*) (*go on* !)	continuer, (*allez-y* !)
go through (*to*)	parcourir (*un document*), traverser
go with (*to*)	faire confiance, suivre
go (*to*)	aller
god	dieu
god-fearing	croyants, qui craignent dieu
goggles	lunettes de plongée
goings-on	événements
good luck	bonne chance
good luck charm	porte-bonheur
goodbye	au revoir; adieu
goodness no !	mais pas du tout ! oh que non !
gorgeous	très beau/belle, ravissant
got to be (*it has*)	c'est forcément, obligatoirement
grab (*to*)	attraper, prendre
grass (dicton: *the grass is always greener on the other side*)	pelouse, herbe (*on veut toujours ce qu'on n'a pas*)
gray (US), grey (UK)	gris
great	génial
great outdoors (*the*) (*expr. idiom.*)	le grand air, la nature
green	vert
grill (*to*)	griller
grip on (*to have a, to get a*)	tenir, avoir une prise sur
grit (*your teeth*) (*to*)	serrer (*les dents*)
grow up (*to*)	grandir
grow (*to*)	pousser, augmenter; cultiver
growth	croissance
guard	garde (*un*), gardien
guess (*to*) (*I guess*)	deviner, supposer (*je suppose*)
guest	invité
guesthouse	petit pavillon pour des amis
guffaw (*to*)	rire fort
gun-shot	coup de fusil / révolver
gut-feeling (*argot*)	intuition

guys	les gars, les mecs, les filles

H

hair	cheveux, poil(s)
half	moitié, demi
hammer	marteau
hand (*to*)	donner, passer
handful (*expr. idiom.*) (*a real handful*)	un vrai défi
handle (*to*)	manipuler, faire face
handmade	fait main
hands	mains
hang in the balance (*to*) (*your job hangs in the balance*)	dépendre de (*ton travail en dépend*)
hang out (*to*)	passer du temps ensemble
hang up (*to*)	raccrocher (*téléphone*)
hang (*to*)	pendre, suspendre
happen (*to*)	arriver, se passer
happening (*adj*) (*a happening town*)	dynamique, vif (*une ville branchée*)
happy	heureux(se)
hardly	ne… guère, à peine
harm	mal
harm (*to*)	faire du mal
hassle (*argot*)	ennuis, soucis
hate (*to*)	haïr
hatred	haine
have it covered (*to*)	maîtriser (*la situation*)
have to (*to*)	être obligé de
have (*to*)	avoir
head (*to*)	gérer, mener
headphones	écouteurs
headquarters	siège (*de société*)
healthy (*health*)	sain, en bonne santé (*santé*)
hear from (*to*)	avoir des nouvelles de
hear wedding bells (*to*)	avoir envie de se marier
hear (*to*)	entendre
heart	coeur

heart attack	crise cardiaque
heart rate	pouls
heavily	lourdement
heck of a (*argot* US: pour éviter de dire *hell* qui serait blasphématoire on dit *heck*)	un vrai… un putain de…
height	hauteur
hell	enfer
help (*to*)	aider
here	ici
hesitate	hésiter
high	haut
high school (US)	lycée
highbrow	snob
high-risk	à haut risque
highway (US) ; motorway (UK)	autoroute
highway patrol (*typique de l'ouest des* US)	police spéciale des autoroutes; gendarmes
hiking (*to go*)	faire la randonnée
himself (*says to himself*)	lui-même (*se dit*)
hindu	hindoue
hit (*to*)	frapper
hit it off (*to*) (*argot*)	s'entendre bien
hobble (*to*)	clopiner
hold back (*to*)	se retenir, se contrôler
hold something against (*to*)	en vouloir à qqun
hold up (*to*) (*argot*) (*she's holding up well*)	supporter, survivre (*elle tient le coup*)
hold (*to*)	tenir
home address	adresse du domicile
honest	honnête
honey	chéri(e)
honey	miel
hope (*to*)	espérer
horseshoe	fer à cheval
hospital	hôpital
host	hôte
hour	heure
house rules	les règles de la maison, de l'établissement

houseboat, barge	péniche
housekeeping	ménage (*service de*)
howl (*to*)	hurler
hug (*to*)	étreindre
huge	enorme
hung up about (*to be*) complexes (*argot*)	avoir des par rapport à
hunt (*to*)	chasser
hurry (*in a*) (*to hurry*)	en vitesse, vite (*se dépêcher*)
hurt (*to*) (*my leg hurts*) (*you hurt me*)	faire mal (*ma jambe me fait mal*) ; blesser (*tu m'as blessée*)
hype	matraquage (*médiatique*)
I	
ice cream	glace
ice cream soda	glace dans une boisson gazeuse
ID	papiers d'identité
idiot box (*argot*)	téléviseur (*téloche*)
idiot-proof (*argot* US)	que même un idiot comprendrait
ignore (*to*)	ignorer (*ne pas prêter attention à*)
ill	malade
imagine (*to*)	imaginer
impress (*to*)	impressionner, faire bonne impression
impressed	admiratif, sous le charme
in spite of	en dépit de, malgré
indeed	en effet
indoor	d'intérieur
industrial (*adj*)	industriel (*adj*)
inflatable mattress	matelas gonflable
inform (*to*)	informer
initially	au début
inning	parties constituant un jeu de baseball / cricket
input	apport, contribution
inredible	incroyable

inside	dedans, à l'intérieur
insist (*to*) (*on something*)	mettre l'accent sur, souligner (*un point*)
instant	instantané
insurance	assurances
insurance company	compagnie d'assurances
intercept (*to*)	intercepter
interrupt (*to*)	interrompre
invade (*to*)	envahir
invite (*to*)	inviter
inviting	tentant, alléchant
involve (*to*)	impliquer
involved in (*to be*)	participer à, être impliqué dans
involved with (*to be*)	avoir une relation amoureuse avec
irritably	agacé (*en étant*); dans un état d'énèrvement
issues	questions, points
IT industry (IT: *Information Technology*)	industrie de l'informatique
ivy league	les 'grandes écoles' aux US (harvard, mit…)
J	
jacket	veste, blouson
jaw	mâchoire
jealousy	jalousie
Jehovah's Witnesses	les témoins de Jehovah
jersey	pull, polaire
jet ski	jet ski
jewellery	bijoux
jewish	juif
joke (*to*)	plaisanter
journey	voyage
joy	joie
jubilant	jubilatoire
jump-start (*to*)	démarrer une voiture avec les câbles
junk (*argot*) (*junkyard*)	cochonneries, détritus (*décharge*)

junk food	nourriture malsaine, *snacks, malbouffe (pizzas, chips, etc…)*
just in case	au cas où
justify (*to*)	justifier
K	
kayaking (*to go*)	faire du kayak
keen (*to be*)	enthousiaste (*être*), avoir envie de
keep (*to*) *going, doing…*	continuer *à faire…*
keep in mind (*to*)	garder à l'esprit
keep in touch (*to*)	garder le contact
keep someone from doing something (*to*)	empêcher que qqun fasse qqch
keep (*to*)	garder
key	clé
kick (*to*)	donner un coup de pied
kid (*argot*)	gosse
kid (*to*) (*argot*)	plaisanter
kidney	rein, rognons
kill time (*to*)	passer le temps
kill (*to*)	tuer
kindness	gentillesse
kiss (*to*)	embrasser, s'embrasser
know (*to*)	savoir, connaître
knowing (*knowing smile*)	malin (*sourire malin*)
L	
lack (*to*)	manquer de, faire défaut
lady friend	amie, petite amie
lager (UK)	bière blonde
laid-up (*to be*) (*argot*)	alité; immobile
land (*to*)	attérir
large accounts	grands comptes
last (*last week*)	dernier (*la semaine dernière*)
later	plus tard
laugh (*to*)	rire
lawsuit	procès
lead (*to*)	mener, emmener
leadership (*qualities*)	qualités de meneur
lean (*adj*)	mince, sans graisse
lean back (*to*)	s'adosser, s'affaler
lean (*to*)	s'adosser
leap (*to*)	sauter
learn (*to*)	apprendre
leave (*to*)	partir, laisser, quitter
left (*go left, turn left*)	gauche (*tourner à gauche*)
less	moins
let go of something (*to*)	laisser tomber, lâcher
let *someone* know (*to*)	informer qq'un
let *someone* off (*to*)	laisser partir, lâcher qq'un (acquitter)
let (*to*)	laisser, permettre
lever	levier
liar	menteur
license (US), licence (UK)	permis
lie (*to*)	mentir ; s'allonger
life in the fast lane (*expr. idiom.*)	la vie moderne, rapide (*la vie du jet-set…*)
lifeguard	surveillant de plage
lifestyle	style de vie
lifetime (*opportunity of a liefetime*)	toute une vie (*occasion qui vient une fois dans la vie*)
light (*adj*)	léger
like (*to*) (*I like it*)	aimer (*j'aime bien, ça me plaît*)
listen (*to*)	écouter
live (*to*)	habiter, vivre
lobby	rez de chaussée d'un hôtel
locate (*to*)	trouver, situer
long distance	appel interurbain
long johns	sous-vêtements chauds
look after (*to*)	soigner, s'occuper de
look at (*to*)	regarder
look for (*to*)	chercher
look forward (*to*)	attendre avec impatience, en attendant de
look like (*to*)	ressembler

look out for (*to*)	se préoccuper pour, s'occuper de
look (*to*)	regarder ; paraître, avoir l'air de
lose (*to*)	perdre
loss	perte
love (*to*)	aimer
love-bug (*to be bitten by the*) (*expr. idiom.*) (aussi: *cupid's arrow*)	littéralement: *être mordu par l'insecte de l'amour* (*la flèche de cupidon*)
lovely	joli, ravissant
loyal	fidel(e)
luck	chance
lucky	avoir de la chance
luggage	bagages
lunch	déjeuner
lunch hour (*lunch break*)	pause déjeuner
M	
maiden name	nom de jeune fille
mail (*to*) (US)	poster
main	principal
maintenance contract	contrat d'entretien
make a living (*to*)	gagner sa vie
make it (*to*)	réussir (*à faire qqch*)
make it up to (*to*)	se faire pardonner
make (*to*)	faire (*créer, façonner*)
mall	centre commercial (US), esplanade
manage (*to*)	gérer
mania	manie
manner	manière
many	beaucoup (de)
map	carte, plan
market	marché
marriage license	acte de mariage
marry (*to*)	epouser, se marier
massage (*to*)	masser
maybe	peut-être
mean (*to*)	signifier, vouloir dire
measure (*to*)	mesurer
meat	viande
mechanic	mécanicien

meet one's match (*to*)	trouver son égal
meet (*to*)	rencontrer
membership	adhésion (*adhérent*)
merely	seulement
mess	ennuis ; difficultés
methodist	méthodiste
midwest	partie centrale des US
mind (*to*) (*I don't mind*)	ne pas vouloir (*je veux bien*)
mingle (*to*)	se mêler (*aux gens dans une soirée*)
miss (*to*)	rater, manquer
mississippi mud pie	gâteau au chocolat très riche
mistake	erreur
mix business and pleasure (*to*) (*expr. idiom.*)	joindre l'utile à l'agréable
mix (*to*)	mélanger, se mélanger
mix-up	cafouillage, malentendu
mock (*to*)	se moquer de
moist	humide
mole	taupe
money-market account	comptes chèques avec une possibilité d'épargne en plaçant son argent sur le marché monétaire
month	mois
more	plus
mormon	mormon
mouth	bouche
move out (*to*)	déménager
move (*to*)	déplacer, se déplacer ; déménager
movies (US), cinema (UK)	cinéma
movie-star	star de cinéma
MRI (*Magnetic Resonance Imaging*) *magnétique*)	IRM (*imagerie par résonance*
much	beaucoup
mule	mulet

multiracial	multiracial
mumble (*to*)	murmurer
muscular	musculaire
music scene	scéne musicale
muslim	musulman
myself	moi-même
myself (*I tell myself*)	moi-même (*je me dis*)
N	
name (*to*)	nommer
nan	pain indien
nap	sieste
native american	indien d'Amérique, amérindien
near	près de
need (*to*)	avoir besoin de
needless to say	cela va sans dire
neither	non plus
nephew	neveu
nervous	angoissé
never	jamais
nightlife (*the nightlife in paris*)	vie nocturne (*la vie nocturne de paris*)
nod (*to*)	hocher la tête
nonsense (*don't talk nonsense !*)	(*ne dites pas n'importe quoi !*)
nope (*argot*)	non
northern	du nord
nothing	rien
notify (*to*)	notifier, informer
now	maintenant
nowadays	de nos jours, aujourd'hui
nudge (*to*)	toucher du coude
nuts (to be)	fou (*être*)
O	
of course	bien sûr, bien évidemment
offer (*to*)	proposer, offrir
office	bureau
office building	immeuble de bureaux
officer	*monsieur l'agent*
official	responsable
off-ramp	sortie (*autoroute*)
often	souvent
oil	huile
old	vieux, vieille
old money	argent noble (*d'aristocrates*)
old-fashioned	traditionnel, conservateur
on the double	tout de suite
on the verge of (*to be*)	etre sur le point de
once	une fois
open (*adj*)	ouvert
open (*to*)	ouvrir, s'ouvrir
optimistic	optimiste
order (*to*)	commander, ordonner
organic	biologique
organize (*to*)	organiser
other	autre(s)
otherwise	autrement, sinon
out (*to be*) (*my back is out*)	h.s. (*être*) (*mon dos est h.s.*)
out on the town (*to go*)	sortir
out there	là-bas
outcome	résultat
outdoor	d'extérieur
outfit	ensemble (*vestimentaire*), structure, groupement
outside	dehors, à l'extérieur
outspoken	franc, qui ne mâche pas ses mots
over	au-dessus de
over there	par là, là-bas
overly	trop, excessif
overpass	pont (*sur une route*)
overseas	outremer, international
owe (*to*)	devoir (*dette*)
own (*to*)	posséder
P	
p.m. (*5 p.m.= 17 heures*)	entre midi et minuit
packet	paquet, dossier

pain	douleur
palmtop	agenda électronique
pants	pantalons
paralyzed	paralysé
park (*to*)	garer
parking lot	parking
partly	en partie
partners	partenaires
pass (*to*)	passer
passport	passeport
pay attention (*to*)	attentif à (*être*), prêter attention à
pear	poire
pecan pie	tarte au pécans
peck (*a*) (*on the cheek*)	bise (*une*) sur la joue
pecs (*argot*)	pectoraux
pedestrian	piéton
peeved (*to be*)	être agacé
personal thing, item	objet personnel
persuade (*to*)	convaincre, persuader
pick	pic (de tente)
pick (*to*)	choisir, cueillir
pick out (*to*)	choisir, sélectionner
pick up (*to*)	venir chercher
pie	tarte
pinch (*to*)	pincer
pioneer	pionnier (hist. US)
pitch (*to*)	monter (une tente), lancer (baseball), tanguer
place (*someone's*)	chez quelqu'un
plan (*to*)	planifier
plane	avion
plastic (*argot*)	cartes de crédit
play (*a*)	pièce de théâtre
play hard to get (*to*)	se rendre inatteignable
play hardball (*to*) (US *argot*)	jouer comme un dûr, être un dûr
play it by ear (*to*) (*argot*)	aviser
play the fool (*to*)	faire des bêtises, *déconner*
play your cards right (*to*)	de bien faire les choses, bien jouer le jeu
play (*to*)	jouer
pleasant	agréable
please	s'il vous/te plaît
please (*to*)	plaire à
pocket	poche
point (*there is no*) (*I see no point in it*)	c'est pas la peine (*je n'en vois pas la necessité*)
point of view	point de vue, avis
point (*to*)	montrer (*du doigt*)
police car	voiture de police
police station	commissariat de police
policy	politique
pool	piscine
porterhouse steak	chateaubriand
portfolio	portefeuille
portion	portion
position	position ; poste (*à pourvoir*)
post (*to*) (UK)	poster
postcard	carte postale
potatoes	pommes de terre
preach (*to*)	prêcher
precautions	précautions
prefer (*to*)	préférer
prepare (*to*)	préparer
presbyterian	presbytérien
prescribe (*to*)	préscrire
present (*to*)	présenter
presentation (*conférence*)	intervention
press (*to get good press*)	presse (*avoir de la bonne presse*)
pretend (*to*)	faire semblant
pretentious	prétencieux
pretty (*pretty good*)	jolie; assez (*assez bon*)
previously	anciennement
price	prix (*coût*)
print (*to*)	imprimer

priority mail	envoi en priorité (*poste*)
private individuals	particuliers
promise (*to*)	promettre
promote (*to*)	promouvoir
prospects	perspectives
proud	fier
provide (*to*)	fournir
pub (UK)	bar, brasserie
public transport	transports en commun
pull away (*to*)	se retirer
pull over (*to*)	s'arrêter sur le bord de la route
pull (*to*)	tirer
pursue (*to*)	poursuivre
purty (déformation de *pretty*)	joli
push (*to*)	pousser
pushy	aggressif, qui se met trop en avant
put off (*to be*) (*I was put off by her*)	être dégoûté, déçu de (*j'étais un peu dégoûté d'elle*)
put on hold (*to*)	mettre en attente (*au téléphone*)
put your foot in it (*to*)	faire une gaffe
put (*to*)	mettre

Q

quick	rapide

R

race riot	emeute, violences raciales
raise (*to*)	lever, élever
ranch-house (US)	maison à un seul étage
rate	taux, prix
rationalize (*to*)	rationaliser
rave	*rave* (*fête techno*)
raw	cru (*par opposition à cuit*)
ready	prêt / prète
rear-view mirror	rétroviseur
rebel	rebelle
recall (*to*)	rappeler; se rappeler
reception	réception (*hôtel*)
recommend (*to*)	recommender
record (*to*)	enregistrer
red	rouge
reflexes	réflexes
refuse (*to*)	refuser
register (*to*)	enregistrer
registration (US)	papiers d'immatriculation d'une voiture
regret (*to*)	regretter (*d'avoir fait qqch*)
reign (*to*)	régner
reject (*to*)	rejeter
rekindle (*to*)	ranimer, raviver
relate to (*to*)	trouver un lien avec, un terrain d'entente avec
relax (*to*)	se reposer
reliable	fiable
relief (*what a relief, that's a relief*)	soulagement (*quel soulagement, encore heureux !*)
relocate (*to*)	déménager
remarkably	etonnamment, remarquablement
remember (*to*)	se rappeler, se souvenir
rent (*to*)	louer
repeat (*to*)	répéter
replace (*to*)	remplacer
reply (*to*)	répondre
report	rapport
report (*to*)	rapporter, déclarer
require (*to*)	demander, exiger
reserve (*to*)	réserver
residence	chez qqun, domicile
respect (*to*)	respecter
rest (*to*)	reposer
restaurant	restaurant
restless	agité
results	résultats
retire (*to*)	partir à la retraite

return (*to*)	revenir; rendre
returns (*on investment*)	retours (*sur investissement*)
rev up (*to*)	emballer (*le moteur*)
revenge	vengeance
revise (*to*)	réviser
rhyme (*to*)	rimer
ribs	côtes
ride (*to*)	faire du vélo, du cheval
riding (to go)	faire du cheval
right	droit, à droite
right (*to be*)	avoir raison
right here / there	ici / là même
right now / away	tout de suite
right off the bat	sans aucune préparation, tout de suite
ring (*to*)	sonner (*sonnerie*)
road	route
roast (*to*)	rôtir
rock-climbing	escalade, varappe
role model	modèle de réussite
roll (*to*)	rouler
room	chambre, pièce, salle
roots	racines
rotten (*I feel rotten*)	pourri ; très mal (*je me sens très mal*)
rough	dûr, difficile
round-trip	aller-retour
rude	impoli
rumors (US), rumours (UK)	rumeurs
run off (*to*)	partir
run (*to*)	courir, gérer
running (*to go*)	faire de la course à pied
rush (*to*)	se précipiter
rv (*recreational vehicle*) (US)	caravan, camping-car
S	
sack race	course à sac
sad	triste
safe	coffre-fort
safe	en sécurité
sail boat (*to go sailing*)	voilier (*faire de la voile*)
salary	salaire
sales pitch	argument de vente
sand	sable
sand-castle	château de sable
satisfy (*to*)	satisfaire à
sausages	saucisses
save (*to*)	sauver, économiser
savings account	compte épargne
say (*to*)	dire
scarf	foulard, écharpe
schedule (*to*)	prévoir (*un horaire*)
scotch eggs	œufs durs frits dans une pâte épaisse (*plat écossais*)
scowl (*to*)	bouder, faire une grimace
screen	écran
sculptor	sculpteur
seat	siège
seat belt	ceinture de sécurité
secretary	sécretaire
security de)	sécurité (*services*
seduce (*to*)	séduire
seductively	sensuellement
see someone to (*to*)	accompagner qqun jusq'à
see (*to*)	voir
seem (*to*)	paraître, sembler
sell (*to*)	vendre
send (*to*)	envoyer
sensitive	sensible
serve (*to*)	servir
service (*church*), mass	messe
settle in (*to*)	s'installer
Seventh Day Adventist	Adventiste du septième jour
shake hands with (*to*)	serrer la main à
shake (*to*)	agiter
shame (*it's a shame, what a shame*)	honte, dommage (*c'est dommage, quel dommage*)

shamefully	honteusement
share (n)	part, participation, action (*finances*)
share (*to*)	partager
shepherd's pie	hachis parmentier
shirt	chemise
shoot from the hip (*to*)	agir instinctivement, sans réfléchir
shoot (*to*)	tirer sur
shooting range	stand de tirs
shoulder	épaule
shout (*to*)	crier
shovel	pelle
show *someone* around (*to*)	faire visiter
show *someone* in (*to*)	annoncer quelqu'un
show *someone* to (*to*)	diriger quelqu'un vers
show up (*to*)	apparaître, paraître, arriver
show (*to*)	montrer
shower	douche, pluie légère
shrink (*argot*)	*psy*
shuttle	navette
sick (US)	malade
side	côté
sight-see (*to*) (*to go sight-seeing, to see the sights*)	visiter (*faire du tourisme*)
sign (*to*)	signer
signal (*to*)	faire signe
signs	panneaux
silk	soie
since	puisque, depuis
single	seul, unique, célibataire
sip (*to*)	boire doucement, lentement
sit down (*to*)	s'asseoir
sit (*to*)	s'asseoir
skeet-shooting	ball-trap
ski (*to*)	skier
skip (*to*)	omettre
slam (*to*)	claquer (*la porte*)
slap (*to*)	gifler, taper
sleeping bag	sac de couchage
sleepless	sans sommeil
slice	tranche, part (*gâteau*)
slide	diapositive, cliché
slip (*to*)	glisser
slot-machine	machine à sous
slouch (US *argot*)	qui ne prend aucun initiative, pas dynamique
slow down (*to*)	ralentir
slow (*to*)	ralentir
smart	intelligent (US) ; qui se présente bien (UK)
smell (*to*)	sentir (odeur)
smile (*to*)	sourire
smooth	lisse, facile
sniff (*to*) (*sniff out*)	renifler (*flairer*)
snigger (*to*)	ricaner
snorkelling	nager avec un tuba
soap box orators	orateurs de hyde park, qui montent sur une caisse pour haranguer les foules…
sob-story	histoire mélodramatique, larmoyante
soccer (US)	football
socks	chaussettes
softness	douceur
solve (*to*)	résoudre
someone	quelqu'un
something	quelquechose
sometimes	parfois, de temps en temps
somewhat	un peu (*quelque peu*)
somewhere	quelquepart
soon	bientôt
soppy	sentimental, *à l'eau de rose*
sound (*to*)	sonner, avoir l'air de
sour cream	crème aigre
southern	du sud

southerner	personne venant du sud
soymilk	lait de soja
spacious	spacieux
spare (*to*)	épargner
sparkle (*to*)	scintiller, pétiller
sparkling water	eau gazeuse
speak up (*to*)	s'exprimer, parler franchement
speak (*to*)	parler
speaking	à l'appareil (*au téléphone*)
speed limit	limite de vitesse
speedometer	compteur de vitesse
spell (*to*)	épeler
spend (*to*)	passer, dépenser
spice (*to*)	ajouter des épices
spit (*to*)	cracher
spoil (*to*)	gâter, gâcher
spot (*to*) (*bodybuilding*)	tenir les poids pour qqun dans la musculation
spot (*to*)	apercevoir
square	pas branché
squirm (*to*)	se tortiller, être mal à l'aise
stab (*to*)	poignarder
stabilize (*to*)	se stabiliser
stadium	stade
staff	personnel
stage	étape
stake out (*to*)	explorer
stamp	timbre, tampon
stamp-collection	philatélie
stand (*to*)	se mettre debout
stare (*to*)	fixer (*des yeux*)
start (*to*)	commencer, sursauter
startled (*to be*)	etonné, surpris
starved (*to be*)	affamé (*être*)
state (*to*)	énoncer, déclarer, affirmer
statement	déclaration
station	gare, station (*métro*)
statue of liberty	statue de la liberté
stay (n)	séjour
stay in touch (*to*)	rester en contact
stay on (*to*)	rester
stay (*to*)	rester, loger, séjourner
steak and kidney pie	tourte au bœuf et au rognons
steakhouse	restaurant bon marché où on sert principalement du steak, le poulet frit…
steal (*to*)	voler (*voleur*)
step	marche, étape
step up (*to*) (*step up!*)	approcher, monter (*approchez !*)
stewardess	hôtesse de l'air
stick (*to*)	coller
still (*are you still working?*)	encore, toujours (*tu travailles encore ?*)
stocks	valeurs boursières
stop by (*to*)	passer ; rendre visite
stop (*to*)	arrêter, s'arrêter
stop-light, traffic light	feu (*tricolore*)
stop-over	escale
store (*grocery store*)	boutique, magasin (*épicerie, supermarché*)
straighten out (*to*)	redresser, résoudre
strained	tendu, difficile
strangely	bizarrement
stranger	inconnu (*un*)
stressful	stressant
stretcher	brancard, civière
strip poker	poker déshabilleur
strip (*to*)	se déshabiller
stroll (*to*)	se promener, flâner
stubborn	têtu
student	étudiant(e), élève
study	étude, enquête
study (*to*)	étudier
stuff (argot)	choses, *trucs*

stuff (*to*)	rembourrer
stunning	ravissant(e)
subtle	subtile
suburb	banlieue
subway (US)	métro
succeed (*to*)	réussir
success	réussite
successful	ayant connu la réussite
such	tellement, un(e) tel(le)
suddenly	soudain, tout à coup
suffer (*to*)	souffrir
sulk (*to*)	bouder
sun	soleil
sun-bathe (*to*)	prendre un bain de soleil
sunny	ensoleillé
supplies	provisions, emplettes
support	soutien
suppose (*to*)	supposer
surf (*to*)	faire du surf
survive (*to*)	survivre
suspect (*to*)	soupçonner
sweep someone off their feet (*to*)	seduire qq'un
sweep (*to*)	balayer
sweet	doux, sympathique
sweet potatoes	patates douces
swift	rapide
swift payments	paiements swift
swim (*to*)	nager
switch on (*to*)	allumer (*une lumière*)
switch (*to*)	basculer, intervertir
sympathy	compassion

T

tact	tacte
take a break (*to*)	marquer une pause
take a look at (*to*)	regarder, jeter un coup d'oeil
take advantage of (*to*)	profiter de
take back (*to*)	reprendre
take care (*to*)	faire attention
take care of (*to*)	soigner, gérer
take charge (*to*)	contrôler, prendre les choses en main
take into account (*to*)	prendre en compte
take it easy (*to*)	se calmer, rester tranquille
take off (*to*)	enlever, retirer (*vêtements*)
take *someone's* fancy (*to*) (*takes your fancy*)	qui plaît à (*ce qui te plaît*)
take something in stride (*to*)	accepter qqch, vivre avec
take their course (*to let things*)	suivre leur cours (*laisser les choses*)
take (*to*)	prendre
taken care of (*it's*)	c'est fait, c'est fini
talk (*to*)	parler
tandoori (*chicken*)	poulet rôti dans une marinade spéciale (*plat indien*)
target	cible
taste (*to*)	goûter
T-bone steak	steak avec un os en T
tear (*to*)	déchirer
tease (*to*)	taquiner
tell (*to*)	dire, raconter
teller	employé de banque (*au guichet*)
tent	tente
terms	termes
test	test ; essai ; examen
than (*bigger than*)	que (*plus grand que*)
thank goodness	dieu merci, heureusement
thank you kindly! (*expr. idiom. du sud des US*)	merci bien !
thank (*to*)	remercier
thanks / thank you	merci
themselves (*they defend themselves*)	eux-mêmes (*ils se défendent*)
then	puis, alors

thick (aussi: *in the thick of things*)	épais (*dans le vif de*)
think of (*to*)	penser de, penser à
think (*to*)	penser
through	à travers
throw away (*to*)	jeter
throw (*to*)	lancer, jeter
ticket	billet, ticket, place (*théâtre*)
tie	cravate
tikka (*chicken*)	morceaux de poulet rôti dans une marinade spéciale (*plat indien*)
tilt (*to*)	incliner
time (*what time is it; each time*)	temps, heure, fois (*quelle heure est-il ; chaque fois*)
tired	fatigué
titter (*to*)	rire sottement
tobacco	tabac
today	aujourd'hui
together	ensemble
token	jeton
tolerate (*to*)	tolérer
tonight	ce soir
too (*me too*) (*it's too dry*)	aussi (*moi aussi*) ; trop (*c'est trop sec*)
tool	outil
touch (*to*)	toucher
tour	visite
tourist guide	guide touristique
toward(s)	vers, envers
townhouse (US)	maison à deux étages, mitoyenne
toy with (*to*)	jouer de
trade (n)	commerce
trade (*to*)	troquer, vendre / acheter, échanger
traffic	circulation
traffic jam	embouteillages
transfer (*to*)	transférer
travel agency	agence de voyage
travel (*to*)	voyager
tray	plateau
treat	cadeau, événement spécial
treat (*to*)	traiter
trek	randonnée, marche
tremendous	super, génial, immense
trick (*magic trick; to do the trick*)	truc, tour (*tour de magie ; faire marcher*)
trip	voyage
trouble	ennuis, soucis
true	vrai(e), véritable
trust (*to*)	faire confiance
truth	vérité
try (*to*)	essayer
tune-up	révision (voiture)
tunnel (*to*)	creuser un tunnel
turkey	dinde
turn (*to make a*) (US)	tourner (*sur la route*)
turn off (*to*)	tourner de, sortir de (route)
turn out (*to*)	se résoudre, se terminer
turn things around (*to*)	renverser le cours des choses
turn (*to*) retourner	tourner, se
twinge	pincement
twitch	tic, mouvement convulsif, sursaut
type (*to*)	taper (*à la machine*)

U

ulterior motive (*to have an*)	avoir une idée derrière la tête
uncle	oncle
uncomfortable	mal à l'aise
under	sous, au dessous de
underground / tube	métro (UK)
understand (*to*)	comprendre
underwear	sous-vêtements
unfamiliar	inconnu
unitarian	unitarien
unless	à moins que
unlike	à la différence de

unpromising	pas prometteur
up for (*to be*) (*are you up for it?*) (*argot*)	être partant pour (*ça te dit ? ça te branche ?*)
upcoming	à venir
update (*to*)	mettre à jour, tenir au courant
uprising	révolte
upset (*to be*)	triste, offensé
upstanding	honnête
use (*to*)	utiliser
used to (*I used to live in france*)	auxiliare de verbe indiquant une habitude ou une action de longue durée dans le passé (*j'habitais en france*)
used to (*to be*)	avoir l'habitude de
usual (*as usual*)	habituel (*comme d'habitude*)
usually	d'habitude
utterly	totalement

V

vacation	vacances
value	valeur
value (*to*)	évaluer, respecter, considérer comme important
van	estafette, camionette, monospace
vegetable patch	jardin potager
vehicle	véhicule
vertebrae	vertèbres
view	vue
view (*to*)	voir
vine	vigne
vineyard	vignoble
virgin cocktail	cocktail sans alcool
virtually	pratiquement
visit (*to*)	visiter, rendre visite à
vital signs	signes vitaux
voice-mail	messagerie (*téléphonique*)

W

wait *for* (*to*)	attendre
wait with bated breath (*to*)	attendre avec impatience
waiter	serveur
walk out on (*to*)	abandonner, partir
walk (*to*)	marcher
wallet	portefeuille (*porte monnaie*)
want someone to do something (*to*)	vouloir que qqun fasse qqch
want (*to*)	vouloir
warehouse	entrepôt
warm up (*to*) (*warm-up*)	s'échauffer, (*échauffement*)
warm (*to*)	réchauffer
wash (*to*)	laver
washboard (*argot*)	ventre musclé, *carrés de chocolat*
waste (*to*)	gaspiller, perdre
watch (*to*)	regarder
water-skiing (*to go*)	ski nautique (*faire du*)
wave	onde; vague
wear (*to*)	porter (*vêtements*)
weather	le temps
weep	pleurer
welcome (*to be*) (mais: *you're welcome*)	être le bienvenu (*je vous en prie*)
well-traveled	quelqu'un qui a voyagé, qui est sophistiqué
western	de l'ouest
whatever	peu importe, quoi que ce soit
whatnot	*tout le tintouin*
wheel (*steering wheel*)	roue, volant
whereas	tandis que
whether (*to see whether*)	si (*voir si*)
while; *a* while	alors que ; un certain temps
white	blanc
white-water rafting	le rafting (white water: *l'écume* des rapides)

whole (*the whole team*)	en entier (*l'équipe entière, toute l'equipe*)
wholesome	sain, naturel
wiggle (*to*)	agiter, tortiller
willing (*to be*)	être d'accord pour
wind-surfing	planche à voile
windy	beaucoup de vent
winery	établissement vinicole
wink (*to*)	cligner de l'oeil
win-win	quand on ne peut que gagner
wipe (*to*)	essuyer
wire-transfer	virement électronique
wish (*to*)	souhaiter, avoir envie
without	sans
wonder (*to*)	se demander
work address, office address	adresse profes-sionnelle / de travail
work hard (*to*)	travailler dur
work out (*to*)	réussir, résoudre; faire du sport, de l'exercice
work (*to*)	travailler
working lunch	déjeuner de travail
worldwide	à travers le monde
worry about (*to*)	se soucier, s'inquiéter
worry (*to*)	se soucier
worse (*worse than*)	pire (*pire que*)
worst	pire (*le*)
wreck	épave (*voiture*)
write (*to*)	écrire
writer	écrivain
wrong (*to be wrong; to be in the wrong; to do wrong*)	faux, tort, mal (*avoir tort ; être dans le tort ; faire du mal*)
X	
X-ray	radio (*radiologie*)
Y	
yams	patates douces
yank (*to*)	tirer (*argot*)
yeah, yep, yup (*argot*)	ouais
year	année / an
yesterday	hier
yet (*not yet*)	encore , pour l'instant (*pas encore, toujours pas*)
young	jeune
yourself (*don't destroy yourself*)	toi-même, (*ne te détruis pas*)

INDEX

NOTES